Vom Sparschwein zum Strandhaus

Carola Ferstl

CAROLA FERSTL

Vom Sparschwein zum Strandhaus

Der Finanzratgeber für die zweite Lebenshälfte

Börsenbuchverlag

Fotocredit Cover: Malou Pentzien
Gestaltung, Satz und Herstellung: Anna Lena Schramm
Vorlektorat: Claus Rosenkranz
Korrektorat: Sebastian Politz
Druck: GGP Media GmbH, Pößneck

ISBN 978-3-68932-035-5

Bibliografische Information der Deutschen Nationalbibliothek:
Die Deutsche Nationalbibliothek verzeichnet diese Publikation in der Deutschen Nationalbibliografie; detaillierte bibliografische Daten sind im Internet über <http://dnb.d-nb.de> abrufbar.

BÖRSEN MEDIEN
AKTIENGESELLSCHAFT

Postfach 1449 • 95305 Kulmbach
Tel: +49 9221 9051-0 • Fax: +49 9221 9051-4444
E-Mail: info@plassen-buchverlage.de
www.plassen.de
www.facebook.com/plassenverlag
www.instagram.com/plassen_buchverlage

Für Leo,
Lilly und Georg

Inhalt

Vorwort ... 9

Einleitung ... 11

Teil I: Zeit für eine Halbzeitbilanz ... 13

Kapitel 1
Die Wahrheit über Geld und Glück in der zweiten Lebenshälfte ... 15

Teil II: Kassensturz, Kurskorrektur, Klarheit: So bekommst du deine diffusen Geldängste in den Griff ... 23

Kapitel 2
Finanz-Check-up: Wo stehst du und wo willst du hin? ... 25

Kapitel 3
Sechs typische Finanzfehler ab 45 und wie du sie vermeidest ... 29

Kapitel 4
Schulden und Kredite: So gehst du klug damit um ... 43

Teil III: Der Money-Positivity-Plan – vom passiven Sparen zur aktiven Vermögensstrategie ... 53

Kapitel 5
Finanzielle Freiheit: Was zählt mehr – der Kontostand oder das Gefühl? ... 55

Kapitel 6
Geldanlage: Was du jetzt in Sachen Investments unternehmen solltest ... 59

Kapitel 7
Vermögenssicherung: Wie viel Risiko verträgt dein Vermögen? 89

Kapitel 8
Was du tun kannst, wenn das Geld nicht für deine Pläne reicht 97

Teil IV: Nicht aufschieben, sondern abhaken: Sorge für den Notfall vor und regle deinen Nachlass 131

Kapitel 9
Vorsorgevollmacht, Betreuungsverfügung und Co:
Wappne dich für den Notfall 133

Kapitel 10
Testament: Vermögen übertragen und Werte bewahren 149

Kapitel 11
Schenkungen mit Herz und Verstand: Glück weitergeben, Streit vermeiden, Steuern sparen 183

Kapitel 12
Stiftungen: Wenn dein Vermögen Generationen überdauern soll . . 201

Teil V: Genieße deinen Wohlstand – aber gebrauche dazu dein Köpfchen 209

Kapitel 13
Verwirkliche deine Träume – und zwar ganz realistisch! 211

Schlusswort 235

Vorwort

Schön, dass du dieses Buch lesen möchtest. Ich bin Carola Ferstl. Seit über drei Jahrzehnten stehe ich für Klarheit in der Welt der Finanzen. Als TV-Börsenexpertin habe ich Tausende Menschen informiert, inspiriert und begleitet. Doch heute geht mein Wirken tiefer. Denn ich weiß: Reichtum beginnt nicht im Depot, er beginnt in dir.

Ich bin den Weg gegangen. Vom wirtschaftlichen Verstehen zum emotionalen Verankern. Vom Zahlenwissen zur Lebensfreude. Vom Funktionieren zur Erfüllung. Und genau diesen Weg teile ich mit dir – ohne Umwege.

Ich zeige dir nicht nur, wie Geld funktioniert; ich zeige dir, wie es sich gut anfühlt. Wie du finanzielle Sicherheit mit finanziellem Frieden verbindest. Wie du investieren lernst – in Märkte, aber vor allem in dich selbst. Wie du entspannt mit Geld leben kannst – dazu brauchst du keine Millionen.

Money Positivity ist mein Ansatz, mein Herzstück, mein Beitrag. Ein neues Bewusstsein für Geld – frei von Scham, Druck oder Schuld. Frei von der Illusion, man müsse sich alles „verdienen". Geld darf leicht sein. Geld darf Freude machen. Geld darf dein Leben bereichern – in jeder Hinsicht.

Worum es in diesem Buch geht? Um Geld, klar! Aber vor allem darum, was du damit anfangen kannst. Für mich persönlich heißt das: Ich bin auf der Suche nach meinem „Strandhaus". Das steht nicht zwingend am Meer, aber es steht für meinen Sehnsuchtsort, für ein Leben, das ich mir mit Freude leisten kann und auch möchte. Für andere ist es vielleicht ein Rückzugsort in den Bergen, ein Winterdomizil im Süden oder einfach mehr Zeit mit den Menschen, die einem am Herzen liegen. Das Strandhaus ist eine Metapher: für das, was du dir ermöglichen willst, wenn Geld nicht mehr das Problem ist. Dieses Buch soll dir helfen, genau dorthin zu kommen – Schritt für Schritt, mit sicherer Planung und dem nötigen Vermögen.

Ich begleite Menschen, die bereit sind, sich für echten Wohlstand zu öffnen: Klar. Direkt. Ohne Schnörkel. Mit dem Wissen über Finanzen und Märkte – und dem Gespür für das, was wirklich zählt.

Denn Geld ist Energie. Beziehung. Ausdruck deiner Werte. Wenn du es dir erlaubst, Reichtum neu zu denken, wirst du ihn neu erleben. Willkommen in einer Welt, in der finanzieller Erfolg nicht auf Außenwirkung bedacht ist, sondern dir ein Leben ermöglicht, wie du es führen möchtest: selbstbestimmt, aktiv und erfüllend.

Willkommen in meiner Geld-Welt.
Willkommen bei Money Positivity.
Willkommen in deinem reichen Leben.

Einleitung

Irgendwie ist es schon verrückt mit dem Geld, findest du nicht? Einerseits wissen wir alle, dass erst genügend Geld ein gutes Leben ermöglicht. Wir brauchen Geld und arbeiten hart, um welches zu verdienen. Wir versuchen, welches zu sparen und gut anzulegen, als Sicherheit und als Polster für eine gute Zukunft.

Andererseits gilt die Beschäftigung mit Geld als moralisch irgendwie zweifelhaft und reichen Menschen wird beinahe automatisch ein schlechter Charakter unterstellt. Sich intensiv mit Geld zu beschäftigen ist fast so verpönt, wie darüber zu sprechen.

„Na ja, Geld ist eben nicht alles", wirst du jetzt denken. Und das stimmt natürlich: Erfüllte menschliche Beziehungen, sinnstiftende Tätigkeiten und Gesundheit tragen den größten Teil zum persönlichen Lebensglück bei. Wer die 45 überschritten hat, ist alt genug, um das zu wissen. Wir wissen aber auch, dass unsere Zeit begrenzt ist und dass es an uns ist, sie so zu gestalten, dass wir damit zufrieden sein können.

Und das geht mit Geld einfach viel besser als ohne. Geld ist kein Selbstzweck, sondern Mittel zum Zweck. Als solches sollten wir es nüchtern und realistisch, aber auch wohlwollend betrachten und behandeln. Das ist der Kern dessen, was ich „Money Positivity" nenne: ein vernünftiger, emotional unvoreingenommener, aber grundsätzlich positiver Umgang mit dem Mittel, das uns hilft, unsere Lebensziele zu verwirklichen, uns zu verwirklichen und unser Dasein schöner zu machen.

Was ich in meiner Arbeit und im Bekanntenkreis immer wieder sehe, ist eine emotional unreife Haltung zum Geld, die sich in unvernünftigen Handlungen äußert.

Die einen denken, sie könnten Geld durch positives Denken und esoterische Praktiken herbeiwünschen oder -zaubern. Sie bestellen es gedanklich „beim Universum" oder hoffen auf einen Lottogewinn oder eine überraschende Erbschaft. Mehr tun sie nicht, denn der Glaube soll das Geld für sie „materialisieren".

Die anderen glauben, sie könnten mit irgendwelchen Modellen und KI-Ansätzen den DAX schlagen und das Geld damit gewissermaßen „herbeirechnen". Dafür strengen sie sich durchaus an, wälzen Börsenratgeber, tüfteln Strategien aus, vertiefen sich in Charts und Kennzahlen, kaufen und verkaufen je nach „Signalen" und Theorien.

Nach meiner Erfahrung funktionieren beide Ansätze nicht. Das Universum interessiert sich nicht für Geld und Börseninvestments. Sie können zwar ein wichtiger Bestandteil der persönlichen Vorsorge sein – aber sich nur darauf zu beschränken reicht nicht.

Was aber sehr wohl funktioniert, ist das, was wir in anderen Lebensbereichen auch tun: sich informieren, nachdenken, Prioritäten setzen, Vorsorge treffen und vorausschauend handeln. Das macht tatsächlich ein wenig Mühe, lohnt sich aber garantiert. Denn wenn du durch kluges Planen deine finanzielle Freiheit erreichst, kannst du aus deiner Zukunft die beste Zeit in deinem Leben machen. Wie das geht, wie du ganz persönlich von meinem Ansatz der „Money Positivity" profitierst, zeige ich dir in diesem Buch.

TEIL I

Zeit für eine Halbzeitbilanz

Irgendwann in der Mitte des Lebens stellt sich die Frage: Läuft das hier so weiter – oder geht da noch was? Es ist an der Zeit, Bilanz zu ziehen: Was macht dich wirklich glücklich? Und wie steht es finanziell? Wenn du clever bist, nutzt du diesen Moment zum Aufräumen. Alte Finanzsünden? Abhaken. Schulden? Weg damit! Jetzt ist der perfekte Zeitpunkt, neu über Geld nachzudenken – nicht als Ballast, sondern als Werkzeug für Freiheit und Lebensfreude.

KAPITEL 1

Die Wahrheit über Geld und Glück in der zweiten Lebenshälfte

Die Wahrheit ist, dass sich niemand freut, „endlich 50!“ zu werden. Wenn das Lebensalter mit einer 5 beginnt, ist schließlich klar, dass die Jugend jetzt aber so was von endgültig vorbei ist. In unserem Leben ist definitiv bereits die zweite Halbzeit erreicht, vor uns liegen weniger Jahre als hinter uns.

Überraschend viele Menschen denken erstaunlich negativ über die zweite Lebenshälfte, das ist zumindest mein Eindruck. Vielleicht kommen auch dir zuerst die Verluste in den Sinn, die das Älterwerden mit sich bringt:

- Falls du Kinder hast, sind sie jetzt erwachsen und gehen ihre eigenen Wege, ohne noch allzu großen Wert auf elterlichen Beistand und elterliche Gesellschaft zu legen – das „Empty-nest-Syndrom“ lässt (vor allem Mütter) grüßen.

- Dazu kommen die Wechseljahre mit all ihren mehr oder minder lästigen Begleiterscheinungen; bei Männern macht sich der abnehmende Testosteronspiegel bemerkbar. Die Figur wird breiter, die Falten tiefer, die Stirn höher.

- Im Job ist die Zeit der großen Sprünge meist vorbei. Auf die guten Posten kommen jetzt die Mittdreißiger und -vierziger. Was einst eine steil ansteigende Karrierestraße oder zumindest ein attraktiver, weiter Platz zu sein schien, entpuppt sich allzu oft als düstere und enge Sackgasse.

Die Wahrheit ist aber auch, dass dies eine sehr einseitige Sicht der Dinge ist – denn all diesen Verlustposten steht bereits eine stattliche Lebensdividende gegenüber:

Sobald die Kinder aus dem Haus sind und finanziell auf eigenen Beinen stehen, fällt für dich eine große Verantwortung weg und eine Menge Arbeit noch dazu. Putzen, waschen, einkaufen, organisieren, alles schrumpft auf ein 1- oder 2-Personen-Maß zusammen. Nicht zu vergessen die deutlich spürbare finanzielle Entlastung, die damit einhergeht. Dein selbst verdientes Netto ist jetzt zu 100 Prozent „Eltern-Geld".

Nachdem die diversen gefühlssteuernden Hormone, die vorwiegend der Fortpflanzung und Elternschaft dienen, sich mehr oder weniger zurückgezogen haben, kommt dein wahres Ich endlich ungetrübt zum Vorschein: Du kannst klarer sehen und denken und Prioritäten danach setzen, was du dir wirklich für dich selbst wünschst. Du weißt, wer du bist und was du kannst, was dir wichtig ist und was du willst. Und natürlich auch, was du nicht (mehr) willst oder brauchst.

Wenn das Ende der Karrierestraße in Sicht ist, bedeutet das vielleicht eine Enttäuschung, aber doch auch eine Erleichterung: Du musst nicht mehr um jeden Preis schneller, höher und weiter springen, sondern kannst locker auslaufen. Du kannst die Konkurrenten, die dir im Nacken sitzen, in Kollegen verwandeln, die du begleitest und anfeuerst und manchmal vielleicht auch ein bisschen bedauerst. Schließlich weißt du ja noch, wie stressig es in der „Rushhour" des Lebens war, als die Tage nie genug Stunden für all das zu haben schienen, was du dringend noch erledigen und erreichen musstest.

Und wenn dir der Platz im Berufsleben, an dem du jetzt stehst, überhaupt nicht mehr zusagt (vielleicht hat er das noch nie), ist jetzt genau der richtige Zeitpunkt, um ihn zu verlassen. Du musst niemandem mehr etwas beweisen, du bist niemandem Rechenschaft schuldig, du bist nicht mehr für das Wohlergehen anderer verantwortlich. Du kannst endlich machen, was du willst.

Ist das nicht ein Glück?

Das, was landläufig Midlife-Crisis genannt wird, ist in Wahrheit auch eine Midlife-Chance. Bevor du sie ergreifst, solltest du aber noch ein bisschen über Geld nachdenken, um damit in die Wohlfühlzone zu kommen. Ich helfe dir dabei.

Money Positivity ist der Schlüssel

„Das Geld, das man besitzt, ist das Mittel zur Freiheit; dasjenige, dem man nachjagt, das Mittel zur Knechtschaft", das wusste der Philosoph Jean-Jacques Rousseau schon im 18. Jahrhundert. Seine Erkenntnis ist so wahr wie zeitlos: Wer sich andauernd Sorgen machen muss, dass das Geld nicht reicht, wird kaum glücklich und selbstbestimmt leben können.

Wer Schulden abzahlen muss, hohe Fixkosten und vielleicht noch Unterhaltsverpflichtungen zu leisten hat, weiß, wie finanzielle Sorgen belasten und stressen. Man muss mit jedem Cent rechnen und hoffen, dass keine unerwarteten Ausgaben – kaputter Kühlschrank, teure Zahnsanierung, Heizkostennachzahlung – das Budget sprengen. Jeden „unnötigen Luxus" wie einen Thermenbesuch oder einen Clubabend muss man absagen. Oder man gönnt ihn sich nur mit schlechtem Gewissen, denn die Ausgabe muss ja irgendwo wieder hereingespart werden.

Wer in dieser Phase steckt, denkt oft an Geld – aber eben nur im negativen Sinne: wie schlimm es ist, dass es nicht reicht, wie teuer alles geworden ist, was man sich noch versagen kann beziehungsweise muss, um etwas einzusparen. Oder wie sehr man malochen muss, um mehr zu verdienen.

Wenn alles gut geht, steigt mit der Zeit das Einkommen, die Schulden schrumpfen, die Finanzlage bessert sich, vielleicht auch durch eine kleine oder größere Erbschaft.

Meist beginnt die Lebensphase, in der das Eigentumshäuschen oder die -wohnung abbezahlt werden will und die Kinder immer teurer werden, mit Ende 20 und dauert bis in die 50er-Jahre. Aber dann ist diese Zeit auf einmal vorbei. Dann wird das Geld zum Mittel zur Freiheit – jedenfalls dann, wenn du die richtigen Weichen stellst.

Ob das gelingt, hängt nicht zuletzt auch von deiner Einstellung dazu ab.

Wie denkst du über Geld?

Unsere Haltung zum Geld wird oft schon in der Kindheit geprägt. Wer in einem Haushalt aufgewachsen ist, wo das Geld immer knapp war, wird eher zur Sparsamkeit neigen als jemand, in dessen Familie Geld nie eine besondere Rolle spielte, weil es so reichlich vorhanden war (Ausnahmen bestätigen die Regel).

Was hast du aus deiner Kindheit mitgenommen? Die Furcht, dass das Einkommen nicht reicht? Den Ansporn, möglichst viel zur Seite zu legen, damit du dich endlich sicher fühlen kannst? Den Drang, allen zu zeigen, was du dir leisten kannst? Das kindliche Vertrauen, dass Gott, das Schicksal oder das Universum dir schon Geld „schicken" werden, wenn du es dringend benötigst? Oder die Verachtung gegenüber „dem Mammon", dem Götzen Geld, den kleingeistige Menschen anbeten, noble Charaktere aber nach Kräften ignorieren?

Mich erstaunt es immer wieder, wie negativ das Thema Geld bei vielen Menschen besetzt ist, und das sowohl bei denen, die (zu) wenig davon haben, als auch bei denen, die viel besitzen. Für erstere ist es naheliegend, dass Geld mit Ängsten und unangenehmen Gefühlen verbunden ist: mit der Angst, dass es nicht reicht, um Miete und Essen zu zahlen. Oder mit Scham, weil man beim Lebensstandard mit anderen nicht mithalten kann. Vielleicht auch mit Neid, weil andere mehr haben und sich mehr leisten können.

Doch selbst dort, wo eigentlich genug Geld vorhanden ist, um das Leben unbeschwert genießen zu können, gelingt das oft nicht, weil uns negative Gefühle und Prägungen aus der Kindheit in die Quere kommen: Die einen schämen sich, weil sie ohne eigenes Verdienst „reich" sind. Andere fühlen den ständigen Druck, beweisen zu müssen, dass sie ihren Wohlstand auch wirklich verdient haben oder dass sie tüchtig genug sind, um ihn zu erhalten oder zu mehren. Wieder andere haben Verlustängste: Was, wenn das Vermögen dahinschwindet und man plötzlich arm ist?

Manche werden aus lauter Angst, Druck oder Scham geradezu absurd sparsam, gönnen sich nichts, sondern arbeiten rastlos daran, das Geld zu mehren oder zumindest zu behalten. Andere versuchen Schuldgefühle durch wahllosen Konsum zu betäuben oder Versagensängste durch demonstrative Luxuskäufe zu kompensieren.

Für alle diese Gefühle und Haltungen gibt es nachvollziehbare Gründe.

Sie sind jedoch nicht zielführend, wenn du jetzt und in Zukunft die beste Zeit deines Lebens haben willst. Und das ist keine Träumerei, sondern eine realistische Aussicht: Du bist alt genug, um klarer zu sehen, dich von bestimmten Vorstellungen zu lösen und endlich so zu leben, wie du es dir immer gewünscht hast.

Du brauchst dich nicht zu schämen oder schuldig zu fühlen, weil du Geld hast. Warum auch? Egal ob du es durch eigene Arbeit verdient, geerbt, gewonnen oder geschenkt bekommen hast: Es gehört dir, du hast es niemandem gestohlen. Du kannst darüber verfügen, wie du es für richtig hältst.

Du brauchst dich nicht selbst unter Druck zu setzen oder von anderen setzen zu lassen, weil du Geld hast. Du musst niemandem etwas beweisen und bist niemandem Rechenschaft schuldig. Übrigens auch niemandem, der es dir geschenkt oder vererbt hat. Diese Person hat entschieden, es dir zu geben. Du entscheidest, was du damit machst.

Und mal ehrlich: Du bist zu alt und erfahren dafür, um dich nach dem zu richten, was andere über dich denken oder sagen. Du brauchst dich nach außen weder demütig-bescheiden („Ich bin zwar reich, lebe aber ganz sparsam") noch selbstbehauptend-protzig („Seht her, was ich mir alles leisten kann") darzustellen. Du kannst ganz du selbst sein und die Meinung anderer ignorieren.

Dein Geld ist das Mittel zur Freiheit, dein Leben so zu gestalten, wie du es willst. Du kannst es so einsetzen, dass es dir Freude und dein Leben erfüllter macht. Du darfst dafür dankbar sein. Vor allem darfst du es genießen. Das ist es, was ich unter Money Positivity verstehe.

So erreichst du deine persönliche finanzielle Freiheit

Money Positivity ist die mentale Voraussetzung dafür, dein Geld genießen zu können. Natürlich gibt es auch eine praktische Voraussetzung: Du musst genug Geld haben, um dein Leben wunschgemäß gestalten zu können.

Die Frage ist allerdings: Wie viel ist genug? Wie viel brauchst du für deine finanzielle Freiheit?

„Finanzielle Freiheit" wird oft definiert als Zustand, in dem man so viel Vermögen hat, dass man kein Erwerbseinkommen benötigt, um davon leben zu können. Aus dieser Definition wird bereits klar, dass die Höhe des benötigten Vermögens auch vom gewünschten Lebensstandard abhängt: Wer ein Jetset-Leben genießen will, braucht deutlich mehr als jemand, der auf dem heimischen Sofa am glücklichsten ist oder mit seinem Wohnmobil durch Europa tingeln möchte.

Mich stört dabei immer ein bisschen, dass Erwerbsarbeit als überflüssig oder sogar negativ bewertet wird, dass es also heißt: Arbeit *oder* Freiheit. Ich finde aber, dass Arbeit auch etwas Sinnstiftendes sein und viel Freude machen kann. Daher würde ich finanzielle Freiheit anders definieren: Sie ist dann erreicht, wenn du genügend Geld hast, um so leben zu können, wie du es möchtest – ob das nun mit oder ohne Arbeitseinkommen ist.

Du brauchst also ein finanzielles Ziel: Welches Vermögen und welches Einkommen willst du haben und wie soll es sich zusammensetzen?

Damit du beurteilen kannst, wie weit der Weg zur finanziellen Freiheit für dich ist, musst du zunächst herausfinden, wo du jetzt stehst. Mit welchem Mindset bist du unterwegs und welche Schritte stehen an? Impulse dazu hast du im Teil I dieses Buches bereits bekommen.

Daran schließt eine realistische Bestandsaufnahme über dein Vermögen und deine Schulden, deine Einnahmen und Ausgaben an. Was du dazu wissen musst, welche typischen Finanzfehler du lieber nicht machen solltest und wie du am besten mit Schulden umgehst, all das liest du in Teil II dieses Buches.

In Teil III dreht sich alles um die Vermögensmehrung und -sicherung, denn das steht im Zentrum meines Money-Positivity-Plans: Stelle die Weichen richtig, kümmere dich um eine vernünftige Geldanlage. Falls das Geld nicht reicht, prüfe, wie du dir zusätzliche Einnahmen verschaffen und welche vorhandenen Quellen du noch anzapfen kannst. Das ist die Voraussetzung dafür, dass du so leben kannst, wie du es dir erträumst.

Du bist jetzt in der Mitte deines Lebens. Das heißt, dass du bei deiner Zukunftsplanung noch ein bisschen weiterdenken musst als an deine Vorstellungen von einem guten Leben: Wie sorgst du für Notfälle vor? Wie für den Fall von Krankheit und Pflegebedürftigkeit? Und was möchtest du über deinen Tod hinaus regeln, vererben oder dauerhaft weitergeben? Was du dazu regeln musst und was du darüber wissen solltest, erfährst du in Teil IV.

Sobald das Unangenehme, aber Nötige geregelt ist, kannst du darüber nachdenken, wie du deine persönliche finanzielle Freiheit gestaltest. Jetzt geht es endlich an deine Träume: Was willst du noch vom Leben? Was willst du haben, machen, erleben? Mehr reisen? In den sonnigen Süden übersiedeln? Viel mit dem Wohnmobil unterwegs sein? Dich beruflich neu orientieren? Dich ehrenamtlich engagieren und Sinnstiftendes tun? In Teil V nehme ich mit dir die verschiedenen Optionen unter die Lupe, damit du präzise ausgestalten kannst, wie du deinen Traum am besten lebst.

Wofür auch immer du dich letztlich entscheidest, eines möchte ich dir mit auf den Weg geben: Du hast und kannst jetzt schon viel mehr, als du glaubst. Du kannst damit bereits viel mehr machen, als du denkst. Du musst dir nur darüber klar werden, was du wirklich willst, und damit aufhören, Pessimismus mit Realismus zu verwechseln.

Ich helfe dir dabei.

TEIL II

Kassensturz, Kurskorrektur, Klarheit: So bekommst du deine diffusen Geldängste in den Griff

„Oh Gott, das Geld reicht nicht!" Diesen Gedanken haben erstaunlich viele Menschen in der Lebensmitte, trotz solider Ersparnisse und einigen Wohlstands. Geld ist oft mit Ängsten besetzt, vor allem mit der Angst vor dem Ungewissen. Dagegen hilft ein einfaches Mittel: Mach eine Bestandsaufnahme. Was hast du, was fehlt, wo drücken Schulden? Diese Klarheit schafft Fakten statt Panik, selbst wenn du feststellst, dass zur finanziellen Freiheit noch ein Stück fehlt. Du erkennst, was zu tun ist und welche typischen Fehler du künftig besser vermeidest. Und wenn du dabei auch deine Schulden in den Griff bekommst, bist du schon einen großen Schritt weiter.

KAPITEL 2

Finanz-Check-up: Wo stehst du und wo willst du hin?

Wie jeder Weg führt auch der zur finanziellen Freiheit von einem Ausgangspunkt zu einem Ziel. Bei einer Wanderung oder Reise ist den meisten Menschen klar, wo ihr Ausgangspunkt liegt. Bei den Finanzen ist das aber erstaunlicherweise oft nicht der Fall.

Klar, man weiß in etwa, was auf dem Girokonto liegt, vielleicht noch auf dem Sparbuch (es ist kaum zu glauben, wie viele Menschen immer noch ein Sparbuch haben!) oder im Depot. Das war es dann aber oft auch schon. Dabei gehören zu einer Bestandsaufnahme alle Vermögenswerte und Schulden.

Der Saldo sollte natürlich auf der Habenseite liegen: Die Schulden sollten vom Vermögen mehr als gedeckt sein.

Fast genauso wichtig wie die statischen Größen Vermögen und Schulden sind aber die Einnahmen und Ausgaben, denn aus diesen ergibt sich ja, ob du die Schulden tilgen und eventuell noch etwas auf die Seite legen kannst. Bei der Bestimmung deines Ausgangspunkts solltest du also auch deine Einkommensverhältnisse und deine monatlichen und jährlichen Kosten betrachten.

Vermögenswerte und Schulden, Einkommen und Ausgaben unter der Lupe

Liste dazu auf, welche Werte du besitzt und welche Beträge du anderen schuldest:

Bestandsaufnahme Vermögenswerte und Schulden	
Vermögen	**Schulden**
✓ Girokonto	• Dispositionskredit
✓ Tagesgeld- oder Festgeldkonto, Sparbuch	• Verbraucherkredite, z. B. zur Finanzierung von Möbeln oder Auto
✓ Depot	• Immobilienkredit/-e
✓ Gold und ähnliche Sachwerte (aktueller Wert)	• Privatkredite, z. B. von Freunden oder Familienangehörigen
✓ Immobilie/-n (realistischer Schätzwert)	
✓ Lebensversicherung/-en (Garantiesumme zum Auszahlungstermin)	

Speziell bei den Sachvermögenswerten ist ein nüchterner Blick wichtig: Viele Menschen glauben, die selbst erworbenen oder ererbten Stilmöbel, Teppiche, Gemälde oder Schmuckstücke seien zu guten Preisen zu verkaufen. Das ist aber nur selten der Fall. Wertvoll ist der Schmuck von der Oma meist nur im ideellen Sinn. Es sei denn natürlich, er besteht aus massivem Gold oder hochkarätigen Diamanten. Die haben immerhin einen echten Materialwert.

Möbelstile, Schmuckdesign und auch Gemälde unterliegen aber der Mode. Diamanten kann man zwar umschleifen und Gold einschmelzen. Die vor Jahrzehnten hoch geschätzten und teuer erworbenen Blumenstilleben oder Strandszenen von vergessenen Malern sind dagegen heute meist genauso nahezu wertlos wie die edlen, heute aber verpönten Pelzmäntel.

Noch weniger objektiv ist oft der Blick auf Immobilien. Natürlich ist deine Wohnung oder dein Haus eigentlich unbezahlbar, wenn du 20 oder 30 Jahre lang dafür gearbeitet und es endlich abbezahlt hast. Und Opas selbst gebautes Häuschen, das seit seinem Tod leer steht, weil niemand so recht weiß, was man damit machen soll, birgt so lebendige Kindheitserinnerungen, dass man sich am liebsten gar nicht davon trennen will.

Wenn es ans Verkaufen geht, zählen aber nur harte Fakten: Baujahr, Wohnfläche, Lage – wobei die Lage das entscheidende Kriterium ist. Egal wie alt und verfallen Opas Häuschen ist: Wenn es in München-Grünwald oder in Düsseldorf-Oberkassel steht, ist es ein Vermögen wert. Das gut gepflegte Haus irgendwo ganz hinten in Niederbayern oder Mecklenburg-Vorpommern dürfte dagegen beim erzielbaren Verkaufspreis weit unter seinem ideellen Wert liegen. Was übrigens kein Grund ist, es nicht zu verkaufen. Aber dazu später mehr.

Bei den Schulden ist es vermutlich leichter, den Überblick zu gewinnen. Wenn du bisher das meiste richtig gemacht hast, ist allenfalls noch ein Immobilienkredit, der Kredit für die neue Wärmepumpe oder das Auto abzuzahlen.

Und wie sieht dein Einkommen-Ausgaben-Verhältnis aus? Auch da gilt es, genau hinzusehen:

Passen Einkommen und Ausgaben zusammen?

Einkommen	Ausgaben
✓ Girokonto ✓ Arbeitseinkommen ✓ Rente ✓ Einkommen aus Vermietung und Verpachtung ✓ Zinseinkommen	• Monatlich unveränderliche Fixkosten, z. B. Miete, Kreditraten, Unterhaltsleistungen • Andere Fixkosten, z. B. Grundsteuer, Versicherungen • Ausgaben für Haushaltsführung, z. B. Energiekosten, Lebensmittel • Sonstige Ausgaben, z. B. für Kleidung, Kultur, Urlaub, Abonnements, Telefon und Internet, Fitnessstudio

Bei den Ausgaben sind vor allem die ersten drei Sammelposten relevant: Bei ihnen gibt es meist kein großes Einsparpotenzial – es sei denn, du ziehst in eine kleinere und vor allem billigere Wohnung. (Je nachdem, wie deine Zukunftswünsche aussehen, kann das übrigens eine sehr sinnvolle Maßnahme sein.) Entscheidend für deinen finanziellen Spielraum ist, wie viel Geld von deinem Einkommen nach Abzug dieser drei Ausgabengruppen übrig bleibt.

Ein genauer Blick sowohl auf die Fixkosten als auch auf die sonstigen Ausgaben kann aber ebenfalls sinnvoll sein kann. Oft geht eine Menge Geld für Dinge drauf, die man vor lauter Gewohnheit nicht mehr hinterfragt: die Gebühr für das Fitnessstudio, in das man nur selten geht, oder für das Kabelfernsehen, das man vor lauter Frust über das Programm kaum nutzt, oder irgendwelche Abos, die man nicht mehr braucht. Wenn du solche Posten unter deinen Ausgaben findest, ist dies ein guter Zeitpunkt, um sie zu eliminieren.

Nach dieser Bestandsaufnahme siehst du schon etwas klarer: Du weißt, was du hast und was du schuldest, was an Geld hereinkommt und wie viel davon tatsächlich frei verfügbar ist. Frei für das, was du zukünftig aus deinem Leben machen willst.

Doch sehen deine Vermögenswerte so aus, dass sie zu deiner Lebensphase passen und wie sie für die Zukunft aussehen sollen? Sind sie im Hinblick auf deine Ziele sinnvoll verteilt? Steckt dein Vermögen beispielsweise vorwiegend in Immobilien und die Raten lassen dir zu wenig Spielraum für dein gewünschtes Leben mit ein bisschen Luxus? Oder hast du das Gefühl, dein Erspartes wirft zu wenig Ertrag ab und du solltest es vielleicht gewinnbringender anlegen? Nur du weißt nicht, wie? Oder machst du dir eher Sorgen, deine aktuellen Anlageformen seien nicht sicher genug im Hinblick auf deine Zukunft? Lass uns dazu ein paar konkrete Überlegungen anstellen.

KAPITEL 3

Sechs typische Finanzfehler ab 45 und wie du sie vermeidest

Der größte und leider auch häufigste Fehler ist der, sich gar nicht oder nicht gezielt genug mit seinen Finanzen zu beschäftigen. Weil es keinen Spaß macht, man vor lauter Alltag keine Zeit dafür findet oder vielleicht auch das Ergebnis fürchtet und es gar nicht so genau wissen will. Immerhin brauchst du dir in Bezug auf diesen Fehler keine Sorgen zu machen, denn du hast dir ja dieses Buch gekauft und bist dabei, es zu lesen.

Gehen wir jetzt also Schritt für Schritt die Fehler durch, die typisch für Menschen in der Lebensmitte sind. Und es macht gar nichts, wenn du den einen oder anderen begangen haben solltest. Das ist kein Grund für Selbstvorwürfe. Mir geht es nur darum, dir zu zeigen, wie viel Potenzial darin liegt, wenn du die Weichen künftig anders stellst.

Fehler 1: Unsystematische Ruhestandsplanung

Im Lauf der Jahre hast du vielleicht einiges für später aufgebaut: eine Kapitallebensversicherung, ein kleines Depot, etwas Gold zur Absicherung, ein stattliches Sümmchen auf einem Festgeldkonto, einen Riester- oder Rürup-Vertrag, einen Bausparvertrag oder auch eine betriebliche Direktversicherung. Aber wenn du ehrlich bist – so richtig durchdacht ist das Gesamtbild nicht. Die Bausteine hast du zu unterschiedlichen Zeiten abgeschlossen, ohne dass sie aufeinander abgestimmt wurden. Das Ergebnis: ein bunter Mix, aber keine klare Strategie für den Ruhestand.

Spätestens jetzt ist es wichtig, Ordnung in diese Vielfalt zu bringen. Welche Anlage ist wofür gedacht? Was steht dir wann zur Verfügung? Welche Investments sind renditestark, welche kosten nur Geld? Und vor allem: Reicht das alles aus, um deinen Lebensstandard im Alter zu halten?

Den ersten Schritt – eine Übersicht über alle Vermögenswerte und Verträge zu erstellen – hast du nach der Anleitung oben hoffentlich bereits gemacht. Danach solltest du prüfen, was aus heutiger Sicht noch sinnvoll erscheint und was nicht. Ziel ist es, aus vielen Einzellösungen ein stimmiges Gesamtkonzept zu machen.

Je komplexer dein finanzielles Bild ist, desto sinnvoller kann es sein, einen unabhängigen Berater einzubeziehen. Denn eine gute Planung sorgt nicht nur für Klarheit – sondern auch für mehr Gelassenheit beim Blick in die Zukunft.

Wo du gute Berater findest
Falls du mit deinen Verträgen zu einer Bank oder einem Versicherungsvermittler beziehungsweise -makler gehen willst, solltest du wissen: Die Beratung ist nicht unabhängig, oft stehen Provisionsinteressen im Vordergrund. Wirklich unabhängig von Vertriebsinteressen sind

- Honorarberater (davon gibt es aber nur wenige, siehe www.bundesverband-honorarberater.de) und
- Verbraucherzentralen, die ebenfalls in den meisten Bundesländern Beratungen zur finanziellen Vorsorge anbieten (die passenden Angebote findest du, wenn du die Begriffe „Verbraucherzentrale finanzielle Vorsorge Beratung [dein Bundesland]“ googelst).

Das Honorar für die Beratung zahlst du in beiden Fällen selbst, meist eine dreistellige Summe – aber dafür ist es kein Verkaufsgespräch und du hast keine versteckten Kosten, sondern zahlst das Beratungshonorar, aber eben auch nicht mehr.

Fehler 2: Unrentable, zu konservative Geldanlage

Mit zunehmendem Alter wächst oft die Sorge, Geld zu verlieren. Diese Angst ist verständlich, aber nicht immer hilfreich bei der Frage, wie du dein Vermögen für die Zukunft richtig aufstellst. Viele ab 45 meiden Aktien oder andere chancenreiche Anlagen komplett, weil sie sich vor Kursschwankungen oder Börsencrashs fürchten. Stattdessen setzen sie auf Tagesgeld, Festgeld, Lebensversicherungen oder andere scheinbar sichere Produkte. Doch was auf den ersten Blick beruhigt, kann langfristig teuer werden.

Wenn du dein Geld zu defensiv anlegst, verlierst du über die Jahre Kaufkraft – die Inflation sorgt dafür, dass dein Vermögen real schrumpft. Und dabei liegt der Ruhestand für viele noch 15 oder 20 Jahre entfernt – Zeit, in der auch etwas Schwung im Depot sinnvoll wäre. Wichtig ist deshalb: Trenne klar zwischen

- dem Geld, das du in den nächsten Jahren brauchst, und

- dem Geld, das langfristig für später gedacht ist. Letzteres darf und sollte gezielt Rendite erwirtschaften – natürlich abgestimmt auf deine Risikobereitschaft.

Wer nur auf Sicherheit setzt, spart sich im Zweifel arm, weil die Inflation den Wertzuwachs auffrisst, du dir also von durch Zinsen nur leicht angewachsenen Beträgen trotzdem immer weniger kaufen kannst. Auf eine Reihe von Geldanlagen solltest du einen besonders kritischen Blick werfen.

Private Kapitallebens- und Rentenversicherungen (ohne staatliche Förderung, sprich keine Riester- oder Rürup-Verträge). Potenziell unrentabel sind vor allem solche, die du nach 2005 abgeschlossen hast und die noch eine lange Restlaufzeit haben. Die Verzinsung ist meist niedrig. Bei fondsgebundenen Versicherungen dieser Art führen außerdem die hohen Kosten zu einer sehr mickrigen Rendite. Das hat selbst die Finanzaufsicht BaFin vor einiger Zeit scharf kritisiert, die sich sonst mit Aussagen zur Rentabilität einzelner Geldanlagen vornehm zurückhält. Hier kann es günstiger sein, sie zu kündigen, auch wenn du das bislang Angesparte dann nur mit Abschlägen wieder herausbekommst – den sogenannten Rückkaufswert. In sehr seltenen Fällen lässt sich eine nicht fondsgebundene Police auch verkaufen. Die Alternative ist eine Beitragsfreistellung: Der Vertrag läuft weiter, aber du musst nicht mehr in den Vertrag einzahlen und kannst die gesparten Raten anderswo besser anlegen, sprich mit mehr Flexibilität und/oder einer höheren Rendite. Kapitellebens- und Rentenversicherungen, die kurz vor der Fälligkeit stehen, solltest du allerdings nicht kündigen oder beitragsfrei stellen. Dadurch würdest du nämlich mehr verlieren, als du gewinnst.

Bausparverträge neueren Datums (sofern nicht mit Wohnungsbauprämie gefördert): Vorsicht ist vor allem dann angebracht, wenn du gar kein Geld für eine Immobilie brauchst und folglich auch nicht auf den günstigen Bausparkredit angewiesen bist. Als Geldanlage sind Bausparverträge nicht ideal. Prüfe daher genau, welche Zinsen du bei deinem Vertrag erhältst. Eines solltest du aber beachten: Viele schon vor Langem abgeschlossene Altverträge sind deutlich rentabler als neue, jene brauchst du nicht zu kündigen. Vergleiche deinen Vertrag mit den derzeit erhältlichen Festgeldzinsen (zum Beispiel auf www.fmh.de → Zinsvergleiche).

Riester-Verträge sind wegen der vielen Bürokratie und ihrer geringen Transparenz in Verruf geraten. Das Problem ist allerdings: Wenn du vorzeitig kündigst, musst du auf einen Schlag die gesamte staatliche Förderung (Zulagen und gegebenenfalls Steuerersparnis) zurückzahlen. Wenn die laufenden Zulagen und die bei Riester-Verträgen zusätzlich mögliche Steuerersparnis nicht wirklich lohnend sind (etwa, weil du noch Nachwuchs mit Kindergeldanspruch hast): Prüfe, ob du den Vertrag beitragsfrei stellen willst. Auch hier lässt sich – zumindest langfristig – mit anderen Investments ohne staatliche Förderung, etwa einem Fondssparplan, eine höhere Rendite erzielen. Das ist oft ganz einfach deshalb der Fall, weil es bei nicht geförderten Geldanlagen keine staatlichen Vorgaben zum Kapitalerhalt gibt, anders als bei Riester, wo mindestens die Einzahlungen plus die Zulagen vom Staat am Schluss garantiert sein müssen. Im Ergebnis wirkt sich diese Garantie aber wie ein Bremsklotz aus, der einen kräftigen Vermögenszuwachs hemmt.

Bankguthaben und Sparbriefe: Auf dem Girokonto sollte nur sein, was du laufend zum Leben benötigst. Sparkonten und Sparbriefe brauchst du keine, denn sie sind meist schlecht verzinst. Ein Tagesgeldkonto ist gut, aber nur für den Notgroschen in Höhe von drei bis sechs Monatsgehältern, so die Faustformel. Festgeld kann sinnvoll sein für die mittelfristige Geldanlage und um Geld zwischenzuparken, das du zu einem absehbaren Zeitpunkt verwenden oder anderweitig anlegen willst. Generell gilt aber: Es ist schwierig, mit den Guthabenzinsen einer Bank auch nur den Inflationsausgleich hinzubekommen. Für langfristige Investments mit mehr als zehn

Jahren Laufzeit solltest du stets Aktien und Fonds beziehungsweise ETFs in Erwägung ziehen.

Zertifikate als börsennotierte Wertpapiere wirken auf den ersten Blick attraktiv – etwa durch versprochene Renditechancen (Hebel- beziehungsweise Knock-out-Zertifikate) oder vermeintlichen Kapitalschutz (Garantie-Zertifikate). Oft sind sie jedoch schwer verständlich, intransparent und mit versteckten Risiken und Kosten behaftet. Die genaue Funktionsweise ist vielen Anlegern nicht klar, vor allem bei Hebel- oder Garantie-Zertifikaten. Hinzu kommt: Im Fall einer Insolvenz des sogenannten Emittenten, des Herausgebers, droht ein Totalverlust, denn ein Zertifikat ist nur ein Zahlungsversprechen der herausgebenden Bank, nichts anderes. Wenn du solche Produkte im Depot hast, solltest du prüfen, ob sie zu deiner Risikoneigung passen – oder dich besser von ihnen trennen und in transparentere, kostengünstigere Anlagen umschichten. Wie du dein Vermögen am besten in verschiedene Anlagen aufteilst und welche dafür infrage kommen, zeige ich dir später noch.

Fehler 3: Immobilien als einzige Altersvorsorge

Ein eigenes Haus oder eine Eigentumswohnung geben Sicherheit, keine Frage, denn mietfrei zu wohnen führt zweifellos zu einer finanziellen Entlastung. Doch Achtung: Viele Menschen verlassen sich im Alter vollständig darauf und betrachten die Immobilie als ihre wichtigste, oft sogar die einzige Altersvorsorge. Das birgt Risiken, die leicht übersehen werden.

Eine Immobilie ist zwar wertvoll, aber nicht flexibel. Sie lässt sich nicht einfach in monatliche Auszahlungen umwandeln (die Angebote, die dazu unter dem Stichwort „Immobilienrente“ oder „Umkehrhypothek“ derzeit am Markt sind, sind oft ausgesprochen fragwürdig).

Wer ein Haus oder eine Wohnung hat, merkt schnell: Laufende Kosten wie Instandhaltung, Reparaturen oder Grundsteuer bleiben – selbst im Ruhestand. Und wenn du Geld brauchst, musst du entweder verkaufen, (teilweise) vermieten oder die Immobilie beleihen. Das ist nicht immer einfach und selten kurzfristig machbar.

Hinzu kommt: Auch Immobilien können an Wert verlieren, zum Beispiel durch sinkende Nachfrage in der Region, neue Auflagen oder hohen Sanierungsbedarf. Deshalb ist es klüger, das Eigenheim als Teil einer breiteren Strategie zu sehen. Wenn du daneben noch liquide Mittel oder Erträge aus Kapitalanlagen hast, bist du deutlich flexibler und zudem besser abgesichert.

Fehler 4: Versicherungen, die einfach weiterlaufen

Du fragst dich vielleicht: Wo soll ich nur das Geld für eine künftige Anlage hernehmen, ohne mir alles vom Mund absparen zu müssen? Eine Möglichkeit findet sich bei Menschen in der Lebensmitte erstaunlich oft: Schau dir deine laufenden Policen an. Im Lauf der Jahre sammeln sich zahlreiche Versicherungen an – manche davon sind wichtig, andere irgendwann überflüssig.

Viele werfen gerade in der zweiten Lebenshälfte keinen kritischen Blick mehr auf ihre Policen und zahlen immer weiter, ohne den tatsächlichen Bedarf zu prüfen. Dabei ändern sich die Lebensumstände im Laufe der Zeit und damit auch der Versicherungsbedarf. Du brauchst keine Berufsunfähigkeitsversicherung mehr, wenn du schon in Rente bist oder dein bisher geschaffenes finanzielles Polster auch so reicht, um Ausfallzeiten notfalls bis zum Ruhestand zu überbrücken. Auch bei der Unfallversicherung lohnt sich ein zweiter Blick – viele Verträge bieten nur eingeschränkten Schutz, kosten aber trotzdem Geld. Wenn du beispielsweise ein älteres Auto hast, ist eine Vollkasko überflüssig, es reicht eine Teilkasko oder sogar die reine Kfz-Haftpflicht, die im Schadensfall nur die Kosten des Unfallgegners trägt. Wenn du nicht mehr zur Miete wohnst, erübrigt sich der Mieterrechtsschutz als Bestandteil deiner Rechtsschutzversicherung, und die Schlüsselversicherung in der Haftpflicht brauchst du dann auch nicht mehr. Und falls du nicht mehr bei einem Arbeitgeber angestellt bist, erübrigt sich auch der Rechtsschutz-Baustein Arbeitsrecht. Solche Policen zu kündigen oder wenigstens abzuspecken und sie an den tatsächlichen Versicherungsbedarf anzupassen bedeutet schon eine deutliche Verringerung deiner Zahllast.

Ein regelmäßiger Versicherungscheck spart nicht nur Beiträge, sondern schafft auch Klarheit.

Was absichern – und was nicht?
Welche Risiken willst du wirklich absichern – und was kannst du dir sparen? Eine grobe Daumenregel hilft mir immer weiter:

Vorrang haben diejenigen Versicherungen, die existenziell wichtig sind.

„Existenziell wichtig" heißt, sie zahlen für Schäden, die dich (oder deine engsten Angehörigen) ansonsten in den Ruin treiben könnten. Dazu gehört die Privathaftpflicht. Auch eine Gebäudeversicherung (mit Schutz gegen Elementarschäden) solltest du haben, wenn du Immobilien besitzt, denn darin steckt mutmaßlich ein Großteil deines Vermögens. Eine Risikolebensversicherung brauchst du nur, wenn du noch Angehörige hast, die finanziell von dir abhängig sind und ohne dein laufendes Einkommen oder dein bislang geschaffenes Finanzpolster nicht über die Runden kämen, etwa studierende Kinder.

Fehler 5: Keine Notfallplanung

Damit meine ich nicht den bereits erwähnten Notgroschen auf dem Tagesgeldkonto, den du natürlich haben solltest. Dazu kommen wir später noch. Es geht hier um etwas viel Wichtigeres, das ein Szenario betrifft, das wir Menschen nur allzu gern verdrängen.

Ein schwerer Unfall, ein plötzlicher Schlaganfall oder ein Herzinfarkt – solche schrecklichen Situationen treten meist ohne Vorwarnung ein. Wenn du im Krankenhaus liegst und nicht mehr selbst entscheiden kannst, sollten andere in deinem Sinne handeln und entscheiden können und das auch dürfen. Doch genau daran scheitert es oft, weil viele Menschen diesbezüglich nichts regeln, keine Vorsorgevollmacht, keine Betreuungsverfügung, keine Bankvollmacht erteilen.

Was bedeutet das konkret? Ohne entsprechende Vollmachten können selbst enge Angehörige keine Entscheidungen für dich treffen, weder medizinische noch finanzielle. Sie dürfen keine Rechnungen bezahlen, keine Konten einsehen geschweige denn darauf zugreifen, keine Verträge kündigen oder verlängern. Stattdessen muss das Betreuungsgericht eine gesetzliche Betreuung anordnen – früher hieß das Vormundschaft. Der rechtliche Betreuer ist nicht automatisch dein Partner oder dein Kind. Es kann auch eine völlig fremde Person eingesetzt werden, die deine Angelegenheiten regelt.

Für deine Angehörigen bedeutet das in einer ohnehin belastenden Ausnahmesituation zusätzlichen Stress, Unsicherheit und Ohnmacht. Sie dürfen dir nicht helfen, obwohl sie es wollen. Deshalb gilt: Kümmere dich rechtzeitig um eine Notfallplanung. Mit einer Vorsorgevollmacht oder Betreuungsverfügung regelst du, wer dich im Ernstfall vertreten darf und in welchem Umfang das möglich ist. Und mit einer Bankvollmacht stellst du sicher, dass eine Vertrauensperson Zugriff auf dein Konto hat. Was geregelt werden muss, was du dafür brauchst und wie du dabei am besten vorgehst, erfährst du in Kapitel 9.

Fehler 6: Sich bei großen Summen intransparente, komplexe Geldanlagen aufschwatzen lassen

Eine Bekannte hat mit Anfang 60 geerbt. Keine Millionen, aber doch ein paar Grundstücke und Immobilien, die ursprünglich aus der elterlichen Landwirtschaft stammen und beim Verkauf einen guten Preis erzielt haben. Auf diese Weise hatte sie plötzlich über 200.000 Euro zur Verfügung, Geld, das sie aktuell nicht braucht, weil sie noch ein Arbeitseinkommen hat und außerdem bescheiden lebt. Da liegt der Gedanke nahe, dieses Geld für später anzulegen. Sie arbeitet im öffentlichen Dienst, ist von Natur aus risikoscheu und zog daher ein Börseninvestment von Vornherein nicht in Betracht.

Sie ließ sich also von mehreren Banken Angebote machen und fragte mich speziell zu einem davon, was ich davon halte. Ich bin fast umgefallen, dass sie das „Wertschutz-Zertifikat Plus" überhaupt ernst genommen hat, das ihr die Genossenschaftsbank als das Nonplusultra präsentierte.

Das Zertifikat versprach alles, was das unbedarfte Sparerherz höherschlagen lässt: Sicherheit, Börsengewinne, garantierte Auszahlung und wahlweise eine lebenslange Rente. Es klang nach einer perfekten Lösung – war aber in Wirklichkeit ein teures Blendwerk mit Hochglanzprospekten, unhaltbaren Prognosen und versteckten Fallstricken.

Hier die Rahmendaten dieses „Wertschutz-Zertifikats". Laufzeit: zwölf Jahre. Einzahlung: 100.000 Euro einmalig im laufenden Jahr. Garantie: 120.000 Euro am Laufzeitende. Doch das ist erst der Anfang.

Zusätzlich sollte das Investment an einen Aktienindex gekoppelt sein – nicht den bekannten MSCI World, sondern an eine angeblich nachhaltigere Variante, einen Index, von dem selbst ich als langjähriger Börsenprofi noch nie gehört hatte. Kein Wunder: Diesen Index gibt es erst seit April 2023. Die hübsche Performance im Prospekt – plus 25

Prozent in zwei Jahren – war also der erste Griff in die Trickkiste: In den Jahren 2023 und 2024 lief es an der Börse nämlich richtig rund.

Prognostiziert wurde ein Wachstum von 5,5 Prozent pro Jahr. Ergebnis laut Hochrechnung: 165.405 Euro in zwölf Jahren. Ich fragte sie, was passiert, wenn sie früher raus will. Pech gehabt, hieß es da – die Garantie gilt nur zum Laufzeitende. Würde sie vorher sterben, gebe es allerdings die garantierten 120.000 Euro für ihren Ehepartner – als Absicherung. Ach ja, das hatte ich noch zu erwähnen vergessen: Initiiert hatte dieses Produkt eine Versicherungskammer, ein bisschen Versicherung war daher auch noch eingebaut. Aufgelegt wurde das Zertifikat allerdings auf Initiative dieser Versicherungskammer von einer großen US-amerikanischen Investmentbank.

Optional könne sich meine Bekannte das Guthaben auch als lebenslange Rente auszahlen lassen, hieß es. Minimum: 266 Euro monatlich. Bei optimistischer Entwicklung vielleicht 409 bis 609 Euro. Das klang nach einem Rundum-sorglos-Paket. War es aber nicht!

Ich konnte ihr aus dem Stegreif eine ganze Reihe von Gründen aufzählen, warum ich in so etwas nie investieren würde:

- **Undurchsichtige Vertriebsmasche:** Die Details gab es nicht einfach so – meine Bekannte musste zur Bank und bekam dann ein „persönliches Angebot" vorgelegt, allerdings ohne Details zu den Kosten. Ich probierte dann auch, an das Angebot heranzukommen, und zwar online, was auch klappte. Mein Test zeigte: Wer es anfordert, bekommt ein Dokument mit dem üblichen Vertriebsdruck. „Bitte beeilen Sie sich, das Angebot ist nur begrenzt gültig und zwei Drittel des Bestands sind bereits jetzt verkauft." Erst auf Nachfrage erhielt ich eine detaillierte Aufstellung der (übrigens beträchtlichen) Kosten. Solche Methoden kennt man sonst eher vom Grauen Kapitalmarkt, also den Geldanlagen, die nicht staatlich beaufsichtigt werden und bei denen sich viele schwarze Schafe tummeln.

- **Sicherheit *und* Börsengewinne – das ist ein Märchen:** Was gern beworben wird, rentiert sich in der Praxis selten. Denn Absicherung frisst Rendite. Und die Garantie greift nur, wenn die zwölf Jahre vollständig durchgehalten werden – nicht früher.

- **Die Garantie-Rendite ist ein schlechter Witz:** Bei 120.000 Euro am Ende kommt eine äußerst magere Verzinsung von 1,53 Prozent pro Jahr heraus (Zinseszins mitgerechnet). Damit ist sogar ein Festgeldkonto besser. Und das ist nicht an einen Börsenindex gebunden!

- **Emittentenrisiko inklusive:** Das Zertifikat stammt vom deutschen Ableger einer US-Investmentbank. Geht der Laden pleite, nützt auch die „Garantie" nichts – das investierte Geld ist weg. Erinnerst du dich an Lehman Brothers, die US-Investmentbank, die im Herbst 2008 mit Pauken und Trompeten pleiteging und den Gegenwert unzähliger Zertifikate nicht mehr auszahlen konnte? Dieses Ereignis lässt grüßen!

- **Konstruktion und Kosten – völlig überfrachtet:** Der unbekannte Index, das Zertifikat, der Versicherungsmantel, all das diente vor allem einem Zweck: Kosten zu kaschieren. 5.500 Euro sollten gleich zu Beginn als Abschlusskosten draufgehen, dazu 1,22 Prozent laufende Gebühren. Effektiv angelegt werden konnten nach Abzug der Abschlusskosten nur 94.500 Euro. Und drei Parteien würden bei Abschluss die Hand aufhalten: die Genossenschaftsbank, die das Produkt verkauft hat, die Versicherungskammer, die es aufgelegt hat, und besagte Investmentbank, die das Ganze in deren Auftrag in ein Zertifikat verpackt hat. Da kann man sich an fünf Fingern ausrechnen, dass für die Anlegerin nicht viel übrig bleibt.

Mein Tipp: Intransparente Geldanlagen meiden
Garantie-Zertifikate sind selten profitabel – ein klassischer Fall für die Mülltonne. Gleiches gilt für Fonds im Versicherungsmantel, etwa fondsgebundene private Lebens- oder Rentenversicherungen. Die Versprechen klingen gut. Fast immer wird eine Kombination aus Börsenchancen und Sicherheit in der Werbung angeführt. Aber die Realität ist renditeschwach und teuer. Dieses Beispiel zeigt, wie die Anbieter gezielt risikoscheue Anleger anwerben, mit der Aussicht auf zusätzliche Börsengewinne deren Gier anheizen und am Ende etwas liefern, was schon aufgrund der Kostenbelastung nicht annähernd die Renditen erzielt, die in Aussicht gestellt werden. Wenn du größere Summen anlegst, dann lieber mit transparenten, gut verständlichen Investments wie Aktien, Fonds, ETFs und Festgeld. Wie du dein Vermögen dabei so aufteilst, dass du gut schlafen kannst, erfährst du im Abschnitt „Vermögensaufbau und -sicherung" in Teil 3 dieses Buches.

KAPITEL 4

Schulden und Kredite: So gehst du klug damit um

Eine Aufgabe gehört noch zum Finanz-Check-up und geht eigentlich sogar schon darüber hinaus: der Umgang mit Schulden. Gibt es laufende Kredite, die abgezahlt werden müssen? Oder überlegst du, neue Darlehen aufzunehmen? Mit Schulden kannst du dir wahlweise deine Zukunft vermiesen – oder dir die Grundlage für eine goldene Zukunft schaffen. Deshalb solltest du klug damit umgehen.

Richte dich dabei vor allem nach diesen drei Grundsätzen:

1. Schulden, die dem Konsum dienen, sind schlecht. Schulden, die dir künftige Einkünfte und nebenbei womöglich eine erkleckliche Steuerersparnis verschaffen, sind gut beziehungsweise hinnehmbar.

2. Schulden zu tilgen hat Vorrang vor der Geldanlage, denn die Sollzinsen, die du durch schnelles Abzahlen sparst, sind in der Regel höher als die Guthabenzinsen, die du mit (sicheren) Investments bekommst.

3. Zwecks Geldanlage Schulden zu machen, kommt nicht infrage (außer für den Kauf einer vermietbaren Immobilie, aber auch da sollte sicher sein, dass das Ganze rentabel ist). Was aber keineswegs infrage kommt, ist, Aktien, Fonds oder spekulative Zertifikate auf Pump zu kaufen.

Schauen wir uns also an, wie in deinem Leben ein smarter Umgang mit Schulden aussehen könnte.

Schuldenabbau braucht einen Plan

Schulden können eine echte Belastung sein – finanziell wie psychisch. Dies gilt insbesondere, wenn der Ruhestand heranrückt und damit die Frage, ob Rentenansprüche und die vorhandenen Reserven reichen, um den Lebensunterhalt zu bestreiten und sich ein vergnügliches Leben zu gönnen. Da engen laufende Kreditraten den Spielraum spürbar ein. Statt dich von Schulden unter Druck setzen zu lassen, solltest du aktiv werden – mit einem klaren, durchdachten Plan.

Wichtig ist es, systematisch vorzugehen: Zahle vereinbarte Kreditraten stets pünktlich. Ansonsten ist folgender Tipp sehr hilfreich: Tilge stets zuerst die Kredite mit den höchsten Zinsen. An allererster Stelle stehen Dispokredite oder Kreditkartenverbindlichkeiten.

Je eher du deine Schulden loswirst, desto mehr Geld bleibt dir langfristig. Neue Schulden solltest du möglichst ganz vermeiden, vor allem Konsumschulden. Wenn dein laufendes Einkommen nicht reicht, überlege dir anhand deiner laufenden Kontoauszüge, welche Ausgaben du streichen kannst, ohne dass es wehtut, und wie du dir zusätzliche Einkünfte organisierst. Zu beidem kommen wir noch in diesem Kapitel. Früh vorsorgen ist besser, als sich dauernd Sorgen ums Geld machen zu müssen.

Immobilienkredite: Wann eine schnelle Tilgung sinnvoll ist und wann nicht

Hast du noch Immobilienkredite, die abgezahlt werden müssen? Wenn sie dein selbst genutztes Eigenheim betreffen, solltest du sie möglichst schnell zurückzahlen. Denn sie belasten dich nur und bringen dir keine Erleichterungen an anderer Stelle. Überdies gilt: Je schneller du die monatliche Belastung durch die laufenden Kreditraten los bist, desto schneller kannst du Geld gewinnbringend für später anlegen – beziehungsweise so, dass es dir laufende Einkünfte bringt.

Bei Häusern oder Wohnungen, die du vermietest und mit denen du folglich ein Einkommen erzielst, ist eine schnelle Rückführung laufender Kredite nicht uneingeschränkt empfehlenswert. Denn hier mindern die laufenden Zinszahlungen in aller Regel dein Einkommen und verschaffen dir damit eine Steuerersparnis. Besprich das mit deinem Steuerberater; er kann dir sagen, inwiefern die Hypothekenkredite dir beim Steuernsparen helfen.

Beim Eigenheimkredit lautet die Empfehlung ganz klar: Zahle ihn schnellstmöglich zurück. „Aber das geht doch gar nicht", wirst du jetzt vielleicht vorbringen. Zweifellos stimmt: Auf eine Kündigung vor Ende der Laufzeit hast du bei einem klassischen Hypothekenkredit nur ein Recht, wenn du die Immobilie verkaufst – und sogar dann musst du der Bank eine Entschädigung für den entgangenen Sollzins zahlen, die sogenannte Vorfälligkeitsentschädigung. Zum Glück gibt es seitens der Rechtsprechung enge, verbraucherfreundliche Vorgaben, wie diese Vorfälligkeitsentschädigung berechnet werden darf. Ohne Verkauf ist eine Darlehenskündigung nicht so einfach möglich, es sei denn, die Bank macht mit, und das wird sie nur, wenn du für die Vorfälligkeitsentschädigung entsprechend viel Geld auf den Tisch blätterst. Empfehlenswert ist das in der Regel nicht.

Während der Laufzeit ist es somit nicht einfach möglich, deinen Hypothekenkredit zurückzuzahlen oder die Konditionen zu ändern. Du bist an den Kreditvertrag gebunden, den du mit deiner Bank abgeschlossen hast. Aber das ist nicht das Ende aller Hoffnung. Es kann nämlich durchaus sein, dass dieser Kreditvertrag dir Möglichkeiten bietet, deine Schulden schneller zurückzuführen als ursprünglich geplant. Vor allem zwei Vereinbarungen machen das häufig möglich. Diese Klauseln sind gar nicht so selten standardmäßig enthalten; prüfe daher unbedingt, ob das bei deinem Kreditvertrag auch der Fall ist:

- **Sondertilgungsrecht:** Bei vielen Hypothekendarlehen sind Sondertilgungen von bis zu fünf Prozent der Nettodarlehenssumme pro Jahr erlaubt. Hast du beispielsweise ein Darlehen über ursprünglich 200.000 Euro abgeschlossen, kannst du zusätzlich zu den regulären Raten jährlich bis zu 10.000 Euro außerplanmäßig zurückzahlen. Dadurch verringerst du deine Restschuld schneller und sparst überdies Sollzinsen, weil durch eine Sondertilgung die Restschuld kleiner wird und die Zinsen stets nur auf diese Restschuld anfallen. Das Sondertilgungsrecht kannst du – falls vertraglich vereinbart – auch in den Folgejahren erneut nutzen. Das ist ideal, wenn du zwischenzeitlich etwa Geld aus einer Erbschaft oder die Auszahlung einer Lebensversicherung erhältst. Zahlst du Jahr für Jahr die maximal mögliche Summe in deinen Kreditvertrag, möglichst immer gleich am Jahresanfang, verringert sich deine Restschuld ganz fix. Damit sinkt auch die Belastung in der Zukunft schneller. Etwas Besseres kannst du mit deinem Geld gar nicht machen!

- **Tilgungssatzwechsel:** Immobilienkredite sind oft sogenannte Annuitätendarlehen, also Darlehen mit immer gleich hohen, meist monatlichen Kreditraten, die sich aus einem Anteil Tilgung und einem weiteren Anteil Sollzinsen zusammensetzen. Die jeweiligen

Anteile sind nicht immer gleich, am Anfang besteht die Rate fast nur aus Sollzinsen, am Schluss fast nur aus Tilgung. Der anfängliche Tilgungssatz legt fest, wie viel Prozent der Darlehenssumme du im ersten Jahr tilgst – bei drei Prozent auf 200.000 Euro wären das 6.000 Euro pro Jahr. Im Laufe der Zeit verschiebt sich wie gesagt das Verhältnis zwischen Tilgung und Zins innerhalb der einzelnen Raten immer mehr: Ein immer größerer Anteil der Kreditraten dient der Tilgung und ein immer kleinerer wird benötigt, um die anfallenden Sollzinsen zu bestreiten. Ist im Vertrag ein Tilgungssatzwechsel zwischen einem und fünf Prozent vorgesehen, kannst du die Tilgung flexibel erhöhen, zum Beispiel auf 12.000 Euro pro Jahr. Das verkürzt die Laufzeit deines Darlehens, senkt die Zinslast und sorgt für eine schnellere Rückzahlung der Restschuld.

- **Kündigungsrecht nach zehn Jahren:** Das gilt auch bei längerer Zinsbindungsfrist: Du kommst aus einem Verbraucherkredit – und dazu gehören auch Kredite für das Eigenheim oder ein Mietobjekt, das du im Privatvermögen hältst – nach spätestens zehn Jahren raus, mit einer Kündigungsfrist von sechs Monaten zum Laufzeitende (§ 489 BGB). Selbst falls der Anschlusskredit teurer sein sollte, kann sich das unter Umständen für dich rentieren. Wenn du aus einer Erbschaft oder der Fälligkeitsleistung einer Lebensversicherung einen größeren Teil der Kreditsumme tilgen kannst und dich nur noch mit einer kleineren Summe weiter verschulden musst, ist das eine Überlegung wert. Rechne es einmal in Ruhe durch – Portale wie www.zinsen-berechnen.de helfen da sehr. Probiere dort den „Kreditrechner für Annuitätendarlehen" aus.

Konsumkredite besser vermeiden

Ein neues Sofa, eine moderne Küche oder eine spontane Reise – vieles lässt sich heute bequem per Ratenzahlung finanzieren. Doch gerade in der Lebensmitte oder im beginnenden Ruhestand sind Konsumkredite mit Vorsicht zu genießen. Jeder zusätzliche Kredit schränkt nämlich deine monatliche Liquidität ein, verringert deinen finanziellen Spielraum oder lässt dir weniger Geld für die Geldanlage übrig.

Was heute „nur" 80 Euro im Monat kostet, kann sich in Summe mit anderen Verpflichtungen schnell zu größeren Beträgen zusammenläppern. Selbst wenn du dir die Kreditraten locker leisten kannst, weil eigentlich genug da ist: Überlege dir gut, ob ein Kauf auf Pump notwendig ist. Du verlierst Geld in Form von Zinszahlungen, anstatt deine Finanzen so zu organisieren, dass sie dir Zinsen (oder Dividenden) abwerfen und du dir daraus die gewünschten Anschaffungen locker leisten kannst.

Falls ein Kredit unausweichlich ist: Wähle eine möglichst kurze Laufzeit und vergleiche die Zinssätze. Der „Darlehensrechner" mit taggenauer Berechnung für Ratenkredite auf der Plattform www.zinsen-berechnen.de leistet dir gute Dienste. Grundsätzlich gilt aber: Wenn du deinen Konsum nur aus Ersparnissen bestreitest und dir genügend Rücklagen für später bleiben, lebst du nicht nur entspannter, sondern auch günstiger.

Ohnehin ist es natürlich viel besser, wenn du dir die nötigen Einnahmen verschaffst, um dir deine Wünsche problemlos erfüllen zu können. Aber dazu kommen wir später noch.

Dispokredit und Kreditkartenschulden sind keine Dauerlösung

Der **Dispokredit** (genehmigter Überziehungskredit) ist praktisch, wie ich durchaus zugebe: Wenn du mit deiner Bank einen Überziehungsrahmen vereinbart hast, kannst du dein Konto überziehen, ohne vorher jedes Mal einen Kreditantrag stellen zu müssen. Die Zinsen sind auch günstiger als bei einer ungenehmigten Überziehung. Doch „günstiger" heißt nicht „günstig". Dieser Komfort hat einen stolzen Preis – die Sollzinsen sind hoch. Viele Banken verlangen für den Dispo Zinssätze von zehn Prozent und mehr. Überziehst du dein Konto über Wochen oder gar Monate, zahlst du deutlich drauf.

Deshalb solltest du dir Nutzung deines Dispos gut überlegen. Für kurzfristige Engpässe – etwa eine unerwartete Reparatur – ist er in Ordnung, wenn es nicht anders geht. Wenn du jedoch merkst, dass du den Dispo regelmäßig brauchst, ist es Zeit, gegenzusteuern. Ein Ratenkredit ist oft die bessere Lösung, weil er planbar und deutlich günstiger ist. Noch besser: Wenn du als Notgroschen genug Geld auf dem Tagesgeldkonto hast, kannst du das Geld im Fall der Fälle nutzen – ganz ohne Zinsen und Schulden. Du darfst dann nur nicht vergessen, deine Cashreserve beizeiten wieder aufzufüllen.

Aufgepasst auch, wenn du häufig mit **Kreditkarte** zahlst statt mit Debitkarte („EC-Karte"). Das mag praktisch sein, weil der Zahlbetrag üblicherweise erst zum Monatswechsel von deinem Konto abgebucht wird, während Umsätze mit der Debitkarte meistens gleich am Folgetag eingezogen werden. Du verlierst aber leicht den Überblick – und schön ist das nicht, wenn vom Geldeingang am Monatsersten schon ein großer Teil für vergangene Käufe und Erlebnisse draufgeht.

Noch schlimmer sind aber Kreditkarten, bei denen die Abbuchung des Vormonatsumsatzes gar nicht automatisch stattfindet. Gemeint sind **Kreditkarten mit Teilzahlungsfunktion** (Englisch: Revolving Credit Cards, übersetzt, Kreditkarten mit umlaufender, also sich stets erneuernder Schuld). Sie schwappen allmählich aus dem angelsächsischen Raum zu uns nach Deutschland und sind nichts, was man sich antun sollte. Denn: Lediglich eine kleine Summe wird abgebucht oder von dir gefordert. Das sind aber nur die Zinsen und ein winziger Teil (zum Beispiel drei Prozent) deiner eigentlichen Kreditkartenumsätze. Der Rest bleibt als Kredit stehen und die Zinsen dafür liegen, je nach Anbieter, teils bei über 20 Prozent pro Jahr – horrend! Solche Kreditkarten solltest du meiden. Du erkennst sie an Werbeaussagen wie „flexible Ratenzahlung", was auf gut Deutsch heißt: Du musst dich selbst um die Tilgung deiner Kreditkartenschulden kümmern, automatisch abgebucht wird da nichts. Immerhin lässt sich das bei manchen einstellen – indem du beim Anbieter anrufst oder indem du auf seiner Website nach dem Login an passender Stelle ein Häkchen setzt. Setze ansonsten auf die bewährten Charge Cards – dann häufst du wenigstens nicht unbemerkt Schuldenberge an.

Bürgschaften – gut gemeint, aber höchst riskant

Wenn dein Partner beziehungsweise deine Partnerin, die Kinder oder Enkel dich um Unterstützung für einen Kredit bitten, denkst du womöglich: Klar helfe ich! Doch eine Bürgschaft kann für dich teuer werden, wenn etwas schiefläuft. Denn als Bürge oder Bürgin haftest du mit deinem gesamten Vermögen, wenn der Kreditnehmer nicht mehr zahlen kann. Und das betrifft nicht nur Großkredite – auch kleinere Bürgschaften können im Ernstfall zur echten Belastung werden.

Prüfe deshalb genau, ob du die Verpflichtung im schlimmsten Fall wirklich tragen könntest – und ob du das auch willst. Emotionale Verbundenheit ist wichtig, aber sie sollte nicht zu finanziellen Risiken führen, die deine eigene finanzielle Unabhängigkeit gefährden. Es ist keine Schwäche, in solchen Fällen Nein zu sagen – sondern ein Zeichen von Weitsicht und Verantwortung … auch gegenüber deiner eigenen Familie.

Und auch das gehört zu meinem Money-Positivity-Konzept: Dein Geld ist in erster Linie für dich da. Nur wenn du genug hast, kannst du es weitergeben, auch das kann viel Freude machen und zutiefst erfüllend sein. Das solltest du aber nicht tun, indem du Vermögensrisiken eingehst, die dich um die eigene Existenz bringen können. Du solltest es nur mit Geld tun, das du übrighast und auch gern weitergibst. Zum Thema Schenkungen erfährst du noch mehr in diesem Buch.

TEIL III

Der Money-Positivity-Plan – vom passiven Sparen zur aktiven Vermögensstrategie

Du hast gut gewirtschaftet, klug gespart – jetzt darf dein Geld für dich arbeiten. Vermögen wächst nicht von selbst, aber es wächst, wenn du ihm die richtigen Impulse gibst. Der nächste Schritt: raus aus dem Stillstand, rein in die Strategie. Mit meinem Money-Positivity-Plan machst du Schluss mit passivem Sparen – und eröffnest deinem Geld die Chance, sein volles Potenzial zu entfalten.

KAPITEL 5

Finanzielle Freiheit: Was zählt mehr – der Kontostand oder das Gefühl?

Was stellst du dir unter finanzieller Freiheit vor? Eine einheitliche Definition gibt es nicht, jeder versteht darunter etwas anders.

- Für die einen bedeutet sie, **nicht mehr auf Erwerbsarbeit angewiesen** zu sein, weil die laufenden Ausgaben von einer ausreichend hohen Rente oder durch passive Einkünfte gedeckt sind (etwa Mieteinnahmen, Zinsen oder Dividenden).

- Eine weitere Definition ist weniger absolut – und auch ohne großen Vermögensstock erreichbar. Du bist finanziell frei, wenn das **Geld nicht (mehr) das Hauptkriterium deiner Entscheidungen ist** – etwa bei der Wahl deines Jobs, Wohnorts oder Lebensstils. Manchmal wird dies auch als „finanzielle Selbstbestimmung" bezeichnet.

- Ebenso pragmatisch ist der folgende Ansatz: Du bist finanziell frei, wenn du **keine Schulden mehr hast, deine laufenden Kosten**

decken kannst und Rücklagen für Notfälle oder Auszeiten vorhanden sind – auch mithilfe von Arbeitseinkünften.

Für meinen Money-Positivity-Ansatz maßgeblich ist aber die emotionale Ebene: Viele Menschen glauben, finanzielle Freiheit sei nur erreichbar für Glückspilze, Lottogewinner oder Menschen mit Millionen auf dem Konto … aber das ist ein Irrtum. Wahre finanzielle Freiheit beginnt viel früher – und sie beginnt vor allem im Kopf.

Gerade in der zweiten Lebenshälfte lohnt sich ein genauer Blick: Vielleicht bist du dem Ziel schon viel näher, als du denkst. Der erste Schritt ist ein nüchterner Kassensturz. Was ist da? Welche Einnahmen, welche Ausgaben, welche Rücklagen? Mit dem Finanz-Check-up aus Kapitel 2 hast du ihn schon gemacht.

Oft zeigt sich dabei: Ganz so schlecht sieht es gar nicht aus, im Gegenteil. Viele haben im Laufe der Jahre mehr aufgebaut, als sie spontan vermuten – sei es durch Lebensversicherungen, ein solides Depot, eine selbst genutzte Immobilie oder eine absehbare Erbschaft. Vielleicht liegt da noch ein Riester-Vertrag in der Schublade oder ein alter Bausparvertrag, den du längst vergessen hast.

Ein anderer Aspekt kommt noch hinzu: Wenn die Kinder aus dem Haus sind und das Leben nicht mehr ganz so teuer ist, braucht es oft gar nicht mehr so viel, um entspannt über die Runden zu kommen. Finanzielle Freiheit hängt also weniger davon ab, ob du Millionen hast – sondern mehr davon, ob du deine Bedürfnisse kennst, deine Finanzen im Blick behältst und aus dem, was da ist, das Beste machst.

Fassen wir also zusammen: Finanzielle Freiheit bedeutet in erster Linie, dass du deine finanzielle Situation geregelt und die Weichen so gestellt hast, dass du dich richtig wohl damit fühlst. Dass du Spaß am Leben hast, weil du dich sicher, unabhängig und selbstbestimmt fühlst. Das ist erfreulicherweise nicht allein eine Frage deines Kontostands, sondern deines Mindsets und nicht zuletzt der Vorbereitungen, die du jetzt mit meiner Hilfe triffst.

Knüpfen wir an das bisher Gesagte an: Du weißt jetzt, was du hast, was du brauchst und welche Fehler du vermeiden solltest. Was kommt jetzt? Ganz einfach: Stell die Überlegungen an, die notwendig sind, um dich finanziell gut aufzustellen. Diese Überlegungen dann Schritt für Schritt umzusetzen nimmt dir die Angst, dass es künftig nicht reichen könnte, und verschafft dir – auch mental – den nötigen Freiraum. Diese Überlegungen betreffen:

- die Geldanlage
- die Vermögenssicherung
- die Erschließung neuer Geldquellen und die Schaffung von (zusätzlichen) Einkünften für die kommenden Jahre

Welche Schritte dich weiterbringen und was du dazu wissen musst, erfährst du in den folgenden Kapiteln.

KAPITEL 6

Geldanlage: Was du jetzt in Sachen Investments unternehmen solltest

Erinnerst du dich noch an die Geschichte meiner Bekannten mit den geerbten 200.000 Euro? Das fragwürdige Angebot für das „Wertschutz-Zertifikat Plus" hat sie nur erhalten, weil sie die Sicherheit zum obersten Prinzip ihrer Geldanlage erhoben hat. Diesen Fehler machen erstaunlich viele Menschen unserer Generation, das habe ich bereits erwähnt. Seit mehr als 30 Jahren ermuntere ich die Menschen, Aktien und andere Börseninvestments nicht aus lauter Verlustangst zu meiden, sondern sich, im Gegenteil, damit zu beschäftigen. Denn beim Vermögensaufbau sind sie einer der wichtigsten Bausteine.

Ohne Aktien sind die Verlustrisiken viel höher
An dieser Stelle will ich dich nur vor den riesigen Verlustgefahren warnen, über die kaum ein Instagram-Video oder eine Boulevardzeitung jemals berichtet: nämlich die Risiken von Geldanlagen, die ganz bewusst von den Anbietern so intransparent gestaltet sind, dass du die enormen Kosten nicht mitbekommst; das „Wertschutz-Zertifikat Plus" lässt grüßen. Daher meine Tipps:

- Meide zur Mehrung und Sicherung deines Vermögens alles, was intransparent ist.
- Nutze Versicherungen nur zur Absicherung, nicht aber zum Vermögensaufbau. Da gibt es Besseres.
- Setze auf den Aktienmarkt, aber so, dass du dich damit wohlfühlst.

Mit welchen Geldanlagen du dich näher befassen solltest, klären wir in den folgenden Abschnitten; das sind nicht allein Börseninvestments, aber zu einem durchaus nennenswerten Anteil. Erst einmal stelle ich dir die Möglichkeiten zur Geldanlage vor, die du vorrangig nutzen solltest. Danach geht es um die Frage nach der richtigen Vermögensaufteilung (Asset Allocation). Du erfährst auch, wie du dafür sorgen kannst, dass deine Geldanlage zum Selbstläufer wird und du dich nicht andauernd darum kümmern musst, falls du keine große Lust dazu verspüren solltest.

Die wichtigsten Bausteine deiner finanziellen Vorsorge und Absicherung

Eine Bitte habe ich: Falls du zu größeren Geldsummen kommst, renne nicht gleich zur nächsten Bank, um dich dort nach geeigneten Geldanlagen zu erkundigen. Schau dir erst einmal die folgenden Möglichkeiten an, dein Geld vernünftig unterzubringen, sodass es wahlweise deiner Sicherheit oder der Vermögensmehrung dient. Die folgenden Spar- und Investmentbausteine solltest du vorrangig für deine Money-Positivity-Strategie nutzen.

Tagesgeld

Ein Tagesgeldkonto brauchst du, Punktum! Und zwar für den Notgroschen von drei bis sechs Monatsgehältern, mit dem dich so leicht nichts mehr aus der Bahn werfen kann. Warum das Geld nicht auf dem Girokonto belassen? Ganz einfach: Weil die Gefahr zu groß ist, dass du es versehentlich ausgibst. Ein Tagesgeldkonto bietet folgende Vorteile:

- **Dein Geld im Stand-by-Modus:** Du kommst jederzeit an die Beträge – ohne Kündigungsfrist, ohne Einbußen, ohne Drama. Ob neue Waschmaschine, kaputte Zahnkrone oder teure Autoreparatur: Dein Notgroschen steht bereit.

- **Guthabenzinsen in gewissem Umfang:** Zugegeben, Tagesgeld ist nicht die Champions League der Rendite. Selbst wenn du Zinsen bekommst, gleichen diese oft nicht die Inflation aus. Aber besser als Bargeld unter der berühmten Matratze ist Tagesgeld allemal.

- **Null Risiko, null Stress:** Dank der EU-weit vorgeschriebenen Einlagensicherung – bis 100.000 Euro pro Bank und Kunde – schläfst du ruhig, wenn du die wichtigsten Grundlagen beachtest (siehe unten). Es gibt keine Kursschwankungen, keine Überraschungen. Tagesgeld schwankt nicht im Kurs – und das ist bei Geld, das du kurzfristig brauchen könntest, das Wichtigste.

Tagesgeldzinsen: Veränderlich

Ein Wort noch zur Höhe der Guthabenzinsen beim Tagesgeld: Du solltest wissen, dass die Zinsen auf dem Tagesgeldkonto sich immer wieder ändern. Erhöht die Europäische Zentralbank (EZB) die Leitzinsen, dann steigen auch die Zinsen auf dem Tagesgeldkonto, allerdings oft erst mit erheblicher Verzögerung. Sinken hingegen die Leitzinsen, merkst du das recht schnell, weil die Banken dann sofort auch den Zinssatz für das Tagesgeld senken. Manche Banken locken Neukunden zwar mit einem ausgesprochen attraktiven Zinssatz weit über dem Niveau der EZB-Zinsen. Aber nach spätestens sechs Monaten ist Schluss damit und dann bekommst du bei solchen Tagesgeldkonten meist sogar nur eine unterdurchschnittliche Verzinsung. Dann hilft nur eines: Schnell wechseln!

Einlagensicherung – wie dein Geld sicher bleibt, falls deine Bank je pleitegeht

Wenn du Geld auf einem Giro-, Spar-, Tagesgeld- oder Festgeldkonto liegen hast, musst du dich zwar vor Kursschwankungen nicht fürchten. Du solltest aber prüfen, was schlimmstenfalls passiert, sollte deine Bank je pleitegehen. Rechtlich gesehen ist dein Guthaben nämlich bloß eine Forderung gegen die Bank – und im Fall einer Bankenpleite bist du nur einer von vielen Gläubigern. Zum Glück gibt es Regeln, die dich schützen.

Bei allen Banken mit Sitz in der EU sind Einlagen (Kontoguthaben) bis mindestens 100.000 Euro geschützt, das ist gesetzlich vorgeschrieben. Dieser Betrag gilt pro Bank und pro Person. Wenn die Bank zahlungsunfähig ist, greift die sogenannte Einlagensicherung. Du bekommst dein Geld zurück, ohne dass du mit dem Anwalt drohen musst.

In Deutschland gibt es verschiedene Sicherungssysteme, je nach Bankenverbund. Die Sparkassen schützen sich gegenseitig vor einer Pleite und Gleiches gilt auch für die Volks- und Raiffeisenbanken sowie die Sparda-Banken. Ist eine Bank gefährdet, springen die anderen ein – notfalls auf mehreren Ebenen. Dort ist dein Guthaben also sicher.

Privatbanken dagegen können pleitegehen, eine andere Bank springt nicht ein, wenn eine in Schieflage gerät. Aber keine Panik, auch hier greift die gesetzliche Absicherung bis 100.000 Euro. Zuständig ist die Entschädigungseinrichtung deutscher Banken (EdB). Manche Auslandsbanken wie die niederländische ING gehören auch dazu, solange sie ihre Konten und Depots offiziell in Deutschland anbieten. Andere EU-Auslandsbanken – zum Beispiel die französische Consorsbank – sichern dich über die Einlagensicherung ihres Heimatlandes ab, in dem Fall über den französischen Einlagentopf namens „Fonds de Garantie des Dépôts".

Viele Privatbanken bieten überdies eine freiwillige Mehrabsicherung: Wer mehr als 100.000 Euro auf der hohen Kante hat, sollte sich genau anschauen, was die Bank freiwillig zusätzlich absichert. Viele große Privatbanken – Deutsche Bank mit Maxblue, Commerzbank mit Comdirect, ING und weitere Institute – sind Mitglied im Einlagensicherungsfonds des Bundesverbandes deutscher Banken. Das klingt sperrig, schützt aber effektiv.

Allerdings wurde der Schutzumfang zum Jahresbeginn 2025 abgespeckt. Momentan gilt: 8,75 Prozent der Eigenmittel der jeweiligen Bank (mindestens aber fünf Millionen Euro) sind abgesichert. Je nach Bank kommt für dich als Kunde aber ein Schutz von mindestens 437.500 Euro zusammen – bei Privatkunden kann es bis zu drei Millionen sein, bei Unternehmen sogar bis 30 Millionen.

Die DKB (als Tochter der BayernLB) geht ihren eigenen Weg: Sie ist über den Einlagensicherungsfonds des Bundesverbandes Öffentlicher Banken abgesichert – gibt aber keine konkreten Beträge an. Vertrauen ist gut, nachfragen besser.

Mein Rat: Prüfe vorher den Schutzumfang
Bevor du bei einer Bank ein Tagesgeld- oder Festgeldkonto eröffnest, prüfe zunächst die Einlagensicherung. Frage direkt bei der Bank nach, suche auf ihrer Website die betreffenden Informationen oder nutze bei privaten Banken (die nicht zu den Sparkassen oder Genossenschaftsbanken gehören) die Abfragemöglichkeit auf der Internetseite www.einlagensicherungsfonds.de/abfrage-sicherungsgrenze

Wenn du über die 100.000-Euro-Grenze kommst – als Einzelperson oder mit deinem Ehepartner oder deiner -partnerin mit Gemeinschaftskonto über 200.000 Euro –, solltest du genauer hinschauen. Es gibt zwar Sonderregelungen, etwa nach dem Verkauf des Eigenheims oder der Auszahlung einer Lebensversicherung, aber sie gelten nur zeitlich begrenzt.

Verteile ansonsten das Geld auf mehrere Banken, wähle gleich eine Bank, die freiwillig mehr absichert. Und vor allem: Schichte größere Beträge, die du für längere Zeit nicht brauchst, in Börseninvestments um – das können auch Anleihen, Renten- oder Geldmarktfonds sein, wenn dir Aktien(fonds) zu riskant erscheinen.

Festgeld

Während Tagesgeld für den kurzfristigen Notgroschen gedacht ist, kannst du bei einem Anlagehorizont von sechs Monaten bis zu drei oder vier Jahren auf Festgeld setzen. Im Unterschied zum Tagesgeld ist ein Zugriff darauf nicht täglich möglich, sondern du legst dich in puncto Laufzeit fest – vorher kommst du nicht an das Geld ran, zumindest nicht ohne Einbußen. Aber auch das hat Vorteile:

- **Etwas höhere Guthabenzinsen:** Wer bereit ist, sein Geld für sechs, zwölf oder 24 Monate „festzusetzen", wird mit höheren Zinsen belohnt als auf dem Tagesgeldkonto. Allerdings ist es auch mit Festgeld nicht immer möglich, die Inflation auszugleichen. Doch immerhin: Hier gibt es wie beim Tagesgeld kein Kursrisiko, kein Zittern – dafür planbare Zinseinnahmen.

- **Idealer Geldparkplatz:** Du brauchst das Geld in absehbarer Zeit? Für ein neues Auto, eine große Reise oder als Reserve fürs Eigenheim? Oder als Zwischenlösung, bevor du es Stück für Stück in börsennotierte Wertpapiere steckst? Dann ist Festgeld genau richtig. Kein Risiko, klare Laufzeit, fester Zinssatz – fertig!

- **Nervenschonende Geldanlage:** Während deine Aktien gern Achterbahn fahren, bleibt das Festgeld völlig unbeeindruckt. Es ist der Fels in der Finanzbrandung, der dir Sicherheit gibt, während du dich anderswo um die Rendite kümmerst. Wichtig ist aber wie beim Tagesgeld, dass deine Bank eine ausreichende Einlagensicherung bietet. Warum das manchmal kritisch sein kann, weißt du ja jetzt.

Aktien

Aktieninvestments bieten ab der Lebensmitte gleich mehrere Vorteile – und die bestehen nicht etwa im Nervenkitzel für Spielernaturen. Es folgt eine Übersicht, warum Aktien aus meiner Sicht gerade in deiner aktuellen Lebensphase unentbehrlich sind.

- **Hohe Renditen:** Zinsen sind schön, aber Aktien haben über längere Zeiträume einfach die Nase vorn. Wer sein Geld auf dem

Konto versauern lässt, verliert durch Inflation ganz real an Kaufkraft. Aktien hingegen haben historisch gezeigt, dass sie diesen Effekt mehr als ausgleichen können.

- **Beteiligung an Gewinnen:** Mit Aktien wirst du Miteigentümer – an Unternehmen, die oft weltweit Geld verdienen. Du kassierst Dividenden, während dein Geld für dich arbeitet. Und du profitierst davon, dass gute Unternehmen einen Teil ihrer Gewinne dazu verwenden, um weiter zu wachsen und noch mehr Gewinne zu machen, was langfristig auch den Börsenkurs steigen lässt. Das klingt besser, als den Sparkassenberater zu fragen, ob es wieder zwei Prozent Zinsen gibt, oder?

- **Flexibilität statt Immobilie mit Renovierungsstau:** Wer denkt, jenseits der 45 sei nur noch „Betongold" angesagt, der kennt die Vorzüge von Aktien nicht: kein Mieter, keine Heizungssanierung, keine Grundsteuer. Und im Notfall ist ein Aktiendepot schneller liquidierbar als ein Häuschen in der Provinz.

- **Langfristige Planung für ein entspanntes Alter:** Aktien bieten die Möglichkeit, Vermögen aufzubauen – oder zu erhalten. Gerade ab 45 geht es oft um Absicherung, Ruhestand, Nachlass. Das Risiko ist beherrschbar, wenn du meine Tipps beachtest.

- **Die Börse kennt kein Rentenalter:** Anders als der Arbeitsmarkt diskriminiert die Börse nicht nach Geburtsjahr. Wer heute mit 55 oder 60 einsteigt, kann locker noch 20 bis 30 Jahre investieren – und sich über die Dividenden ein perfektes Zusatzeinkommen sichern. Ob du den warmen Geldregen dann nutzt für eine schicke Luxusuhr, die langersehnte Louis-Vuitton-Handtasche, für Erlebnisausflüge mit den Enkeln oder für tolle Reisen, bleibt dir überlassen.

Bei Aktien zählt die Auswahl und wenn du direkt in Aktien investierst, dann solltest du dich auch damit auskennen oder dich einarbeiten, wie man Aktien vernünftig bewertet.

Wie ich zu Aktien kam – und warum langweilig oft besser ist

Natürlich habe ich nicht gleich mit Aktien angefangen. Wer tut das schon? Mein Einstieg in die Welt der Geldanlage war alles andere als spektakulär. Ich war jung und mein Vater hat mir das Thema nahegebracht. Die ersten Schritte im Bereich der Geldanlage führten nicht etwa an die Wall Street, sondern zur örtlichen Sparkasse, pünktlich zum Weltspartag, mit dem Sparschwein unterm Arm. Als dann der Inhalt fein säuberlich gezählt war, kam das große Ereignis: die Einzahlungen auf mein Sparkonto. Damals gab es noch Sparbriefe – und Zinsen, von denen man heute nur träumen kann: sechs, sieben, manchmal acht Prozent. Dort habe ich etwas gelernt, das bis heute gilt: Es lohnt sich, Geld nicht einfach gleich auszugeben, sondern es für sich arbeiten zu lassen.

Mit der Zeit kamen dann andere Anlageformen dazu. Irgendwann habe ich mit Aktien angefangen – wie so viele Menschen in Deutschland. Natürlich schaute ich mir die Deutsche Telekom an. Und als der Neue Markt boomte, war ich auch dabei. Spannende Unternehmen, wilde Kurssprünge, große Erwartungen. Dass ich damals noch nicht besonders versiert war, versteht sich von selbst. Ich glaubte – wie viele – an Bäume, die in den Himmel wachsen.

André Kostolany, der alte Börsenfuchs, hatte kurz vor der Jahrtausendwende über den Neuen Markt gesagt: „Wenn die Börse ein Casino ist, dann ist der Neue Markt eine Zockerhölle." Wir hielten das damals für übertrieben. Wir dachten, der Mann sei einfach nicht mehr auf der Höhe der Zeit. In Wahrheit hatte er den richtigen Riecher.

Denn einer der gefährlichsten Sätze an der Börse lautet: „Dieses Mal ist alles anders." Ist es nicht, glaub mir! Wenn etwas zu gut klingt, um wahr zu sein, dann ist es meistens auch nicht wahr. Exzesse, Modetrends,

Überflieger – all das kommt und geht. Und wer nicht rechtzeitig abspringt, zahlt Lehrgeld. Ich habe meines bezahlt … aber ich habe auch daraus gelernt – und bin heute bei einer Strategie gelandet, die ich nur jedem empfehlen kann. Ich würde sie „unspektakulär“ nennen. Manche sagen auch „langweilig“ dazu. Aber gerade das ist ihr Erfolgsgeheimnis.

Was macht die Langweiler-Strategie aus? Ich habe einfach weiter investiert. Stur, regelmäßig, langfristig. Ich habe mich nicht verrückt machen lassen, weder von gelegentlichen Kurseinbrüchen noch von einer immer wieder um sich greifenden Börseneuphorie. Ich habe auch dann investiert, wenn die Stimmung mies war. Genau das ist am Ende entscheidend.

Meine Erfahrung: Stetigkeit zahlt sich aus
Diese Strategie ist übrigens typisch für viele Frauen. Sie handeln weniger, sie denken langfristiger – und das zahlt sich aus. In meinem Buch „Frauen sind die besseren Anleger“ habe ich das schon im Jahr 2000 beschrieben. Und es gilt noch heute: Frauen-Depots schlagen die männlichen – immer wieder. Weil Risikoaversion und Geduld an der Börse oft mehr wert sind als der große Wurf. Wenn du also wissen willst, wie du am besten startest: Halte es einfach. Denk langfristig. Bleib dabei. Es muss nicht aufregend sein – nur erfolgreich. Ich bin diesen Weg gegangen. Du kannst das auch.

Sind Aktien wirklich sicher genug? Ja – wenn du ihnen Zeit gibst

Viele meiner Zuschauer sind extrem ängstlich, wenn es um Börseninvestments und speziell Aktien geht. Sie halten diese Form der Geldanlage für reinste Zockerei. Vielleicht hast du dir auch schon die Frage gestellt, ob Aktieninvestments nicht doch zu riskant sind. Die kurze Antwort: Nein, sie sind erstaunlich sicher. Du musst lediglich etwas Geduld mitbringen und darfst keine Zockermentalität an den Tag legen, aber auch nicht gleich in Panik wieder verkaufen, wenn es an den Börsen mal kracht.

Natürlich kann es an der Börse kurzfristig heftig rauf- und runtergehen. Aber auf lange Sicht zeigt der Aktienmarkt einen klaren Trend:

nach oben. Den besten Beweis liefert das Rendite-Dreieck des Deutschen Aktieninstituts (DAI). Besonders spannend: das Dreieck zum DAX, also zum deutschen Leitindex. Hier hat das DAI für jeden Zeitraum seit 1975 durchgerechnet, welche Rendite du bekommen hättest, wenn du zu einem bestimmten Jahresende eingestiegen und zum Ende eines späteren Jahres wieder ausgestiegen wärst. Ganz wichtig: Die Dividenden wurden dabei reinvestiert. Keine Spielereien, keine Tricks, kein Market Timing.

Das Ergebnis ist als Farbverlauf dargestellt, schau es dir auf der Website des DAI an (www.dai.de/rendite-dreiecke, klicke dann auf „DAX-Rendite-Dreieck"): Dunkelrot heißt beträchtliche Verluste, hellrot kleine. In Weiß ist eine Rendite um die null Prozent dargestellt. Hellgrün sind kleine Renditen, dunkelgrün richtig fette Gewinne.

Hier kommen die wichtigsten Erkenntnisse für dich: Je länger das Investment in den DAX, desto grüner wird es. Mit zunehmender Haltedauer verschwindet Rot – und zwar komplett. Über 50 Jahre brachte der DAX im Schnitt 8,8 Prozent Rendite pro Jahr. Und auch schon bei viel kürzeren Zeiträumen siehst du Grün.

Das ist übrigens beim MSCI World und dem EuroStoxx genauso, zwei weiteren wichtigen Börsenbarometern, für die das DAI ebenfalls jeweils ein Rendite-Dreieck erstellt hat.

Wichtig zu wissen: Im DAI-Rendite-Dreieck wurden keinerlei Schutzmaßnahmen berücksichtigt. Keine Diversifikation, kein Umschichten – nichts. Du kannst aber eine ganze Menge tun, um das Verlustrisiko noch weiter zu begrenzen. Dazu mehr im nächsten Abschnitt.

Was du tun kannst, um dein Verlustrisiko zu minimieren

Dies ist eine Auswahl der wichtigsten Punkte, die dir bei der Aktienanlage Sicherheit geben und dich vor Verlusten schützen:

1. **Auswahl der Wertpapiere:** Der wichtigste Schutz liegt darin, Börseninvestments zu tätigen, die zu deiner Risikoneigung passen.

Wenn du kein risikofreudiger Mensch bist, spricht viel dafür, auf Value- statt auf Growth-Aktien zu setzen, also auf solide Substanzwerte statt auf Hoffnungswerte mit innovativem Geschäftsmodell, die zwar zur Kursrakete werden können, aber viel stärker schwanken (mehr zum Unterschied zwischen Value- und Growth-Aktien erfährst du im nächsten Abschnitt). Außerdem kannst du mit steigendem Alter mehr Zinsinvestments beimischen. Zur richtigen Asset Allocation (also risikomindernden Zusammensetzung deines Portfolios) erfährst du mehr im nächsten Kapitel zum Thema Vermögenssicherung.

2. **Lange Haltedauer:** Bei Aktien maßgeblich ist auch – siehe Rendite-Dreieck – die Haltedauer. Je länger dein Anlagehorizont, desto wahrscheinlicher bist du im Plus und desto stetiger und verlässlicher sind deine Gewinne.

3. **Wiederanlage von Dividenden:** Ebenfalls ein guter Schutz vor Verlusten und außerdem ein ziemlicher Booster für deine Rendite ist die Wiederanlage deiner Gewinne. Das kannst – und solltest – du zumindest so lange betreiben, wie du nicht auf die stetigen Zuflüsse der Dividenden angewiesen bist, um deinen Lebensunterhalt zu bestreiten. Natürlich kannst du die Dividenden auch aufteilen: Mit einem Teil der Ausschüttungen finanzierst du weitere Aktienkäufe und mit einem anderen Teil gönnst du dir den lang ersehnten Abenteuerurlaub.

4. **Diversifikation:** Unter Börsianern kennt jeder das Sprichwort: „Lege nie alle Eier in einen Korb!" Empfehlenswert ist stets eine Diversifikation, die Streuung über verschiedene Länder beziehungsweise Regionen auf dieser Erde, aber auch über verschiedene Branchen. Auf diese Weise reduzierst du das Risiko: Wenn es in einer Weltregion oder Branche gerade nicht läuft, gleicht sich das

durch Aktien aus einer anderen Weltregion oder Branche wieder aus. Diversifikation lässt sich übrigens auch einfach bewerkstelligen, indem du in Aktienfonds (oder ETFs) investierst. Zu dieser Wertpapiergattung kommen wir gleich noch.

5. **Sparen in Raten:** Statt einen größeren Batzen Geld auf einmal in Aktien zu stecken, kannst du deine Käufe zeitlich strecken und in immer gleichen Raten zum Beispiel monatlich oder vierteljährlich investieren. Das nennt sich Sparplan und es funktioniert sowohl bei Aktien als auch beim Fondskauf. Das sorgt zum einen dafür, dass du nicht mit einem größeren Betrag den denkbar ungünstigsten Einstiegszeitpunkt erwischst. Zum anderen hilft dir – bei immer gleicher Ratenhöhe – der Cost-Average-Effect (Durchschnittskosteneffekt). Ist der Kurs einer Aktie gerade niedrig, kaufst du mit deiner Rate eine größere Stückzahl, als wenn der Kurs gerade hoch ist. Unterm Strich erhältst du so einen durchschnittlich günstigen Kaufkurs und bist auch die bohrende Frage los, ob du jetzt gerade mit deinem Kauf eine gute Börsenphase erwischst oder ob du lieber noch etwas warten solltest.

Value oder Growth? Eine Frage des Anlegertyps

Welche Aktien willst du kaufen? Es gibt eine Unzahl verschiedener Kategorien, die börsennotierte Aktien zum Beispiel nach Größe des betreffenden Unternehmens, nach dessen Herkunft oder auch nach Branche zusammenfassen. Auch nach Anlagestrategie werden Aktien unterschieden und ich finde, für private Investoren ab der Lebensmitte lohnt es sich besonders, zu überlegen, ob der eigene Anlageschwerpunkt eher bei Value- oder bei Growth-Aktien liegen soll.

Value-Aktien sind Aktien von Unternehmen mit solider Substanz, etabliertem Geschäftsmodell und (oft) unterbewertetem Kurs im Verhältnis zu ihren Kennzahlen. Idealerweise kaufst du sie, wenn das Kurs-Gewinn-Verhältnis (KGV) gering ist. Nicht selten haben solche

Aktien hohe Dividenden, was für ein willkommenes Zusatzeinkommen sorgen kann, wenn du die Ausschüttungen nicht gleich wieder aufs Neue in den Aktienkauf stecken willst. Typische Branchen sind etwa Versicherungen, Nahrungsmittel und Konsumgüter. Interessant sind besonders Hersteller von Basis-Konsumgütern, die weitestgehend unabhängig von der Konjunktur sind, weil sie Dinge herstellen, die jeder zum täglichen Leben braucht – vom Shampoo bis zum Waschmittel. Value-Aktien eignen sich für dich, wenn du

- auf langfristige Stabilität setzt,
- auf mäßiges Wachstum, aber stetige Gewinne Wert legst,
- Dividenden magst und
- nicht unbedingt die nächste tolle Börsenstory suchst.

Growth-Aktien sind Wachstumsaktien mit hohem Potenzial, aber oft auch mit stolzer Bewertung. Hier zahlt man als Anleger für Zukunftshoffnungen – manchmal mit der Lupe nach Gewinnen zu suchen gehört dazu. Typische Branchen sind etwa Technologie und künstliche Intelligenz (KI), Biotechnologie, erneuerbare Energien und E-Commerce. Growth-Aktien sind besonders interessant für dich, wenn du

- an Trends und Innovationen glaubst,
- bereit bist, Schwankungen auszuhalten, und
- keine Dividenden brauchst, sondern auf Kursgewinne hoffst.

Eine Faustregel und ein praktischer Tipp

In Krisenzeiten oder bei hoher Inflation gelten Value-Aktien als robuster. In Boomphasen und bei niedrigen Zinsen haben Growth-Aktien oft Rückenwind. Im Depot-Mix lautet die clevere Antwort auf die Frage, was besser ist, meist nicht entweder ... oder, sondern beides. Je mehr Risiko du aushalten kannst, desto höher kann deine Beimischung von Growth-Aktien ausfallen. Es ist aber auch vollkommen in Ordnung, ausschließlich auf bewährte Value-Aktien zu setzen. Ich kenne genügend Leute, die ihr ganzes Aktiendepot damit bestückt haben, bei jedem Börsencrash wissen, dass ihre Aktien sich davon mit hinreichender Wahrscheinlichkeit schnell wieder erholen, und die Jahr für Jahr den Dividendenregen genießen, den die betreffenden Unternehmen über ihnen ausschütten.

Offene Investmentfonds: Aktien-, Misch- und Rentenfonds

Wenn ich hier von Fonds spreche, meine ich ausschließlich offene Investmentfonds, so heißen sie offiziell. Gemeint sind Fonds, bei denen du jederzeit Anteile kaufen und wieder verkaufen kannst. Die meisten davon kannst du an der Börse kaufen, ein paar davon auch nur bei der Fondsgesellschaft (Kapitalanlagegesellschaft, kurz KAG).

Warnung: Vorsicht vor geschlossenen Fonds

Etwas anderes sind geschlossene Fonds, die du nur während einer bestimmten Zeichnungsphase kaufen kannst, bei denen du dein Geld für eine feste Laufzeit anlegst und die dieses Geld für ein ganz bestimmtes Projekt verwenden – von der nachhaltigen Immobilie bis zur Schiffsfinanzierung. Da kann ich nur sagen: Finger weg! Geschlossene Fonds sind unternehmerische Beteiligungen und als solche oft intransparent und unrentabel – daher führe ich sie in meiner Auflistung empfehlenswerter Geldanlagen gar nicht erst auf.

Kommen wir nun also zu den offenen Fonds, die ich für klasse halte, weil sie dir einen einfachen Einstieg in Börseninvestments bieten. Wer zum ersten Mal Geld an der Börse anlegt, steht schnell vor der Frage: Soll ich gleich in einzelne Aktien investieren – oder lieber mit Fonds starten? Meine klare Empfehlung lautet: Bleib entspannt und greif zu Fonds. Denn wer sich nicht täglich mit Quartalszahlen, Geschäftsberichten und Markttrends beschäftigen möchte, muss sich nicht gleich auf die Königsklasse der Geldanlage stürzen, das Stock-Picking, sprich die Auswahl einzelner Aktien. Einzelaktien können reizvoll sein – aber sie erfordern deutlich mehr Zeit, Aufmerksamkeit und Know-how. Und nicht jeder hat Lust, seine Abende damit zu verbringen, sich durch Bilanzkennzahlen zu wühlen.

Fonds nehmen dir diese Arbeit ab, ob sie nun aktiv gemanagt sind oder als passiv gemanagte ETFs nur einen Index nachbilden (zum genauen Unterschied kommen wir später). Fonds bündeln viele verschiedene Aktien, was das Risiko streut und dein Nervenkostüm schont. Man schläft einfach besser, wenn nicht das ganze Depot an der Performance eines einzelnen Unternehmens hängt.

Ich selbst habe genau damit angefangen. Und auch heute noch laufen bei mir diverse Sparpläne – auf ETFs ebenso wie auf bestimmte Themenfonds. Nehmen wir das Thema künstliche Intelligenz (KI): Warum sollte ich mir eine einzige Aktie rauspicken, mit der ich voll ins Risiko gehe? Ein spezialisierter ETF ist für mich die weitaus bessere Lösung.

Kurzum: Eine entspannte Geldanlage
Wer eine stabile Basis aufbauen will, ohne gleich zum Börsenprofi zu werden, fährt mit Fonds (inklusive ETFs) bestens. Sie sind das ideale Vehikel für alle, die nicht täglich in die Finanznachrichten eintauchen möchten – und trotzdem intelligent und profitabel investieren wollen. Denn sie streuen automatisch dein Investment über verschiedene Wertpapiere, Anlageklassen und Regionen. Welche Fonds zu dir passen, hängt vor allem davon ab, in was sie investieren – und das solltest du dir ganz genau anschauen.

Aktienfonds

Los geht es mit den Aktienfonds. Sie investieren fast ausschließlich in Aktien, also in Unternehmensanteile. Ein kleiner Bargeldpuffer ist meist dabei – ansonsten werden vom Anlegergeld Aktien gekauft! Manche dieser Fonds streuen weltweit, andere bleiben lieber zu Hause, zum Beispiel bei Fonds mit dem Namenszusatz „Aktien Deutschland" oder „Aktien Europa". Auch nach der Größe der Unternehmen wird manchmal sortiert: Große DAX-Konzerne findest du eher in einem Fonds für Standardwerte, während ein Nebenwerte-Fonds auf kleinere Firmen aus dem MDAX, SDAX oder gar ganz ohne Indexzugehörigkeit setzt. Und wenn du Lust auf ein bestimmtes Thema hast – etwa die Automobilbranche oder auf Schwellenländer wie China und Brasilien –, gibt es auch dafür spezielle Aktienfonds. Klar, solche Fonds schwanken ordentlich, aber langfristig zeigt der Trend nach oben – wer also einen kühlen Kopf behält, wird oft belohnt.

Rentenfonds

Weniger Nervenkitzel, dafür solide Zinsen versprechen Rentenfonds. Sie setzen auf Anleihen, also Schuldscheine von Staaten oder Unternehmen. Auch hier ist die Auswahl groß: Staatsanleihen, Unternehmensanleihen, Europa, USA – deine Entscheidung. Wer auf höhere Rendite aus ist, schaut sich sogenannte High-Yield-Fonds an. Die enthalten riskantere Papiere mit fetteren Zinsen und hoffen darauf, dass nicht allzu viele davon ausfallen. Wenn das klappt, läuft es.

Eine Warnung: Rentenfonds sind oft eine teurere und weniger transparente Alternative zum klassischen Tages- oder Festgeld. Anders als dieses kosten sie laufend Gebühren und bei jedem Kauf oder Verkauf musst du Ordergebühren zahlen. Aus meiner Sicht bist du mit Tages- und Festgeld bei der Bank besser bedient.

Geldmarktfonds

Geldmarktfonds sind quasi auch Rentenfonds, denn sie investieren ebenfalls in Anleihen, allerdings nur in solche mit ultrakurzer Laufzeit. Sie bringen dir nicht mehr als ein Tagesgeldkonto. Nur: Die Fonds kassieren Gebühren – das Tagesgeldkonto nicht. Infrage kommen sie aus meiner Sicht allenfalls, wenn du auf einen Schlag riesige Beträge zwischenparken musst, die von der Einlagensicherung der Banken (wie gesagt mindestens 100.000 Euro pro Bank und Kunde) nicht abgedeckt sind, und du vorläufig eine sichere Alternative zu Tages- und Festgeld brauchst. Dann meinetwegen – sonst nicht.

Mischfonds

Mischfonds mischen verschiedene Anlageklassen. Meist sind Aktien und Anleihen dabei, manchmal auch Immobilien, Edelmetalle oder Rohstoffe (dann heißen sie oft „Multi-Asset-Fonds). Je höher der Aktienanteil, desto mehr Potenzial, aber auch mehr Zickzack im Kursverlauf. Solche Fonds heißen dann gern „offensiv“ oder „aggressiv“. Wer eher das Mittelmaß sucht, ist mit einem „ausgewogenen“ Mischfonds gut bedient, bei dem sich Aktien und Anleihen die Waage halten. Und wenn du es ruhig magst: „Defensive“ Mischfonds setzen vor allem auf Anleihen – weniger Ertrag, aber auch weniger Stress.

Meine Einschätzung

Ich finde, Mischfonds sind durchaus eine Überlegung wert, denn es gibt eine Reihe von Angeboten, die über die vergangenen fünf oder zehn Jahre eine ganz attraktive Rendite erwirtschaftet haben. Du kannst es dir aber auch leicht machen und sagen: Meine gesamten Börseninvestments fließen in Aktien und was ich gern sicher und festverzinslich anlegen möchte, fließt ausschließlich auf mein Tagesgeld- und Festgeldkonto, wo es nicht auch noch Gebühren schluckt.

Kurz gesagt: Fonds lohnen sich besonders, wenn du 10.000 Euro oder mehr investieren willst. Denn sie bieten dir die nötige Streuung, ohne dass du selbst zig Einzeltitel zusammenklauben musst. Am besten fährst du mit einem Mix aus aktiv und passiv gemanagten Fonds – was das genau heißt, klären wir gleich im nächsten Abschnitt.

Aktiv gemanagte Fonds oder passiv gemanagte ETFs – das ist eine Überlegung wert!

Offene Investmentfonds unterscheiden sich nicht nur in dem, *worin* sie investieren, sondern auch darin, *wie* sie das tun. Entscheidend ist die Frage: Wird dein Geld aktiv oder passiv gemanagt?

Bei **aktiv gemanagten Fonds** sitzt ein Fondsmanager am Steuer. Seine Aufgabe besteht darin, das Portfolio – also die Mischung aus Aktien, Anleihen oder anderen Wertpapieren – laufend im Blick zu behalten und bei Bedarf umzuschichten. Wenn sich Chancen auftun, greift er zu. Wenn sich Risiken abzeichnen, verkauft er. Die Idee dahinter: Besser abschneiden als der Markt und für dich das Maximum herausholen. In der Theorie klingt das vielversprechend – in der Praxis gelingt das längst nicht jedem Fondsmanager dauerhaft. Sicher ist: Günstig ist der Service nicht. Für einen aktiv gemanagten Aktienfonds zahlst du in der Regel zwischen einem und zwei Prozent Gebühren pro Jahr – direkt aus dem Fondsvermögen, also auch aus dem Geld, mit dem du Fondsanteile gekauft hast. Diese Kosten drücken die Rendite. Achte deshalb genau auf die Wertentwicklung der vergangenen Jahre. Die muss dir nämlich stets *nach* Abzug der Gebühren präsentiert werden.

Ganz anders ticken **passiv gemanagte Fonds**, die sogenannten ETFs (Exchange Traded Funds, also börsengehandelte Fonds). Hier gibt es keinen Fondsmanager, der eingreift. Stattdessen bildet der Fonds einfach einen Index nach, zum Beispiel den DAX, den Euro Stoxx 50 oder den Dow Jones. Was im Index enthalten ist, landet auch im Fonds. Und was aus dem Index rausfällt, fliegt auch aus dem Fonds. So einfach ist das. Schwankungen werden dabei hingenommen. Wie groß die Chancen für einzelne Titel sind, spielt keine Rolle. Dafür sind diese Fonds besonders günstig. Die Verwaltungsgebühr liegt meist bei schlanken 0,1 bis 0,3 Prozent im Jahr.

Hier ist eine Auswahl der wichtigsten ETF-Anbieter in Deutschland mit hoher Marktpräsenz und Bekanntheit, jeweils mit einer kurzen Charakterisierung:

1. **iShares (BlackRock)**
   Das ist der Marktführer mit großem Abstand. iShares bietet eine riesige Auswahl an ETFs auf alle denkbaren Indizes, Themen und Anlageklassen. Der Anbieter gilt als Benchmark in der Branche – stabil, zuverlässig, aber bei den Gebühren nicht immer der günstigste.

2. **Xtrackers (DWS / Deutsche Bank)**
   Die ETF-Marke der Deutschen Bank, zweitgrößter Anbieter in Deutschland. Sie ist gut aufgestellt im europäischen Markt, mit starkem Fokus auf Standardindizes und ESG-Indizes (Indizes, bei deren Zusammensetzung die nachhaltige Geldanlage eine große Rolle spielt).

3. **Lyxor (gehört inzwischen zu Amundi)**
   Diese ETF-Marke war lange eigenständig, ist inzwischen aber Teil des französischen Assetmanagers Amundi. Bekannt ist dieser Anbieter für Themen-ETFs, er liefert eine Auswahl an Nischenprodukten.

4. **Amundi ETF**
   Nach der Übernahme von Lyxor ist dieser französische Anbieter noch stärker im Markt vertreten. Er liefert eine solide Auswahl an ETFs, vor allem im Bereich ESG und nachhaltige Investments, meist mit wettbewerbsfähigen Kosten.

5. **Vanguard**
   Dieses Schwergewicht aus den USA gilt als Erfinder des Indexfonds und steht für niedrige Kosten, transparente Produkte und den Verzicht auf unnötige Spielereien. Vanguard konzentriert sich vor allem auf ETFs zu großen, breit gestreuten Indizes zum günstigen Preis.

6. **UBS ETFs**
   Das ist ein Schweizer Anbieter mit Fokus auf kostengünstige, breit gestreute ETFs. Besonders beliebt ist er bei institutionellen Anlegern, aber er hat auch für Privatanleger ein interessantes Angebot.

7. **Deka ETFs (Sparkassen-Gruppe)**
   Deka ist die Fondsgesellschaft der Sparkassengruppe und deshalb tragen auch deren ETFs diese Marke im Namen. Schwerpunkte liegen auf europäischen Standardindizes und konservativen Produkten. Sie sind gut geeignet für Anleger, wenn du Sparkassenkunde respektive -kundin bist und lieber bei deiner Hausbank investierst.

8. **HSBC ETFs**
   Dieser internationale Anbieter baut sein Angebot in Deutschland gerade aus. Seine Stärken liegen im Bereich Asien und Emerging Markets, kein Wunder, denn die Mutterbank HSBC hat ihren Ursprung in Hongkong. Aber auch günstige Standard-ETFs sind dabei.

9. **Invesco ETFs**
   Hier gibt es ein breites Spektrum an Themen-, Strategie- und Faktor-ETFs. In Deutschland ist dieser Anbieter nicht ganz so präsent wie iShares oder Xtrackers, aber er ist durchaus eine ernst zu nehmende Alternative.

10. **WisdomTree ETFs**
    Ein internationaler Anbieter. Bekannt wurde WisdomTree durch eine Reihe von Spezialindizes. Bei seinen gewichteten ETFs entscheidet nicht die Marktkapitalisierung (der Börsenwert) über das Gewicht einer Aktie, sondern wirtschaftliche Kennzahlen wie Umsatz oder Dividende. Bei WisdomTree-ETFs lassen sich auch ETFs zu bestimmten Investmentansätzen finden, die dann allerdings meist teurer sind als ETFs auf klassische, weit verbreitete Indizes.

Wichtig zu wissen: Weil ETFs immer einen Index abbilden – und der besteht aus gleichartigen Wertpapieren –, gibt es sie nicht als Mischfonds. Ein ETF ist entweder ein Aktienfonds oder ein Rentenfonds, nie beides in einem. Wenn du also auf die Mischung setzt, kommst du um aktiv gemanagte Fonds kaum herum. Lediglich ein paar Anbieter kombinieren verschiedene ETFs in einem Produkt, um eine Mischung herzustellen. Ob das sinnvoll ist, muss sich noch erweisen.

Mein Tipp
Nimm aktiv gemanagte Mischfonds, wenn du Wert auf Streuung und professionelle Steuerung legst. Besser dürfte es aber in vielen Fällen sein, Aktien-ETFs zu kaufen und den festverzinslichen Anteil deiner Investments mit Tages- und Festgeld abzudecken. So nutzt du das Beste aus beiden Welten.

Immobilien und Immobilienfonds

Immobilien gelten als wertbeständig, solide und krisensicher – aber stimmt das auch? Können Häuser und Wohnungen wirklich vor Wertverlust schützen? Und worauf musst du achten, damit dein Investment in Ziegel und Beton am Ende kein Reinfall wird? Fest steht: Mit Immobilien lassen sich auf drei Arten laufende Gewinne erzielen, zumindest in der Theorie:

- durch gesparte Miete im selbst genutzten Eigenheim,
- durch Mieteinnahmen aus vermieteten Objekten oder
- durch ein Investment in offene Immobilienfonds.

Schauen wir uns diese Optionen einmal genauer an.

Eigenheim – Wohnen und Sparen zugleich

Ein Eigenheim ist mehr als ein Dach über dem Kopf – es ist auch ein stiller Renditebringer. Die Rechnung ist einfach: gesparte Jahresmiete geteilt durch den Kaufpreis. Bei 2.000 Euro Miete im Monat (24.000 Euro im Jahr) und einem Hauspreis von 750.000 Euro kommst du auf rund 3,2 Prozent „Rendite". Nicht atemberaubend, aber dafür wohnst du mietfrei, kannst umbauen und dein Heim gestalten, wie du willst, und zahlst keine Steuern auf den „Gewinn", weil er dir ja gar nicht zufließt. Klingt gut? Ja – aber nur, wenn der Kredit abbezahlt ist. Vorher fressen die Sollzinsen einen Großteil der Ersparnis wieder auf.

Ein Eigenheim entlastet deine Finanzen also erst auf lange Sicht. Damit der Traum vom Eigenheim traumhaft bleibt, solltest du ein paar Grundregeln beherzigen:

- **Regel Nr. 1: Setze nicht auf einen Wertzuwachs**
  Wer auf schnelle Wertsteigerung spekuliert, könnte böse überrascht werden. Die fetten Jahre am Immobilienmarkt – vor allem in den Innenstädten – sind erst mal vorbei. Und jeder Kauf ist zudem mit hohen Nebenkosten verbunden: Maklerprovision, Notar, Grundbuch und Grunderwerbsteuer (3,5 bis zu 6,5 Prozent, je nach Bundesland). Fazit: Vergiss die Spekulation auf steigende Preise. Ob ein Immobilienkauf sich für dich lohnt oder nicht, solltest du allein anhand der Mietersparnis beurteilen. Und natürlich den Gewinn an Lebensfreude bedenken, wenn du von keinem Vermieter mehr abhängig bist.

- **Regel Nr. 2: Ohne Eigenkapital wird es riskant**
  Eine Immobilie komplett auf Pump zu kaufen ist keine gute Idee. Bring mindestens 25 bis 30 Prozent Eigenkapital mit. Das verlangen die Banken meistens sowieso. Doch auch wenn nicht, solltest du dich an diese Regel halten – sonst kann es spätestens beim Anschlusskredit nach Ende der Zinsbindungsphase eng werden, wenn die Zinsen steigen oder unerwartete Kosten auftauchen. Eine solide Finanzierung schützt dich vor bösem Erwachen.

- **Regel Nr. 3: Kaufpreisfallen vermeiden**
  Schöne Fassade, maroder Kern? Lass dich nicht täuschen. Bevor du unterschreibst, nimm einen Bausachverständigen mit. Der entdeckt Feuchtigkeit in den Wänden, Pfusch am Dach oder veraltete beziehungsweise längst nicht mehr zulässige Heiztechnik. Und vergiss nicht: Auch versteckte Kosten lauern – etwa bei Straßenerneuerungen, Glasfaseranschlüssen oder Gasleitungen. Also: Nicht nur das Haus prüfen, sondern auch bei der Gemeindeverwaltung nachhaken!

- **Regel Nr. 4: Vorsicht, Eigentümergemeinschaft!**
  Du interessierst dich für eine Wohnung in einem Mehrfamilienhaus? Als Käufer oder Käuferin bist du automatisch Teil einer Eigentümergemeinschaft – mit allen Rechten und Pflichten. Das klingt harmlos, kann aber zum Spießrutenlauf werden. Streit um den Gartenzaun, die Mülltonne oder den neuen Aufzug – solche nicht selten gerichtlichen Auseinandersetzungen sind leider Alltag. Lies vor dem Kauf unbedingt die Protokolle der bisherigen Eigentümerversammlungen. Zeugen sie von viel Ärger und beständigen Klagen? Dann schone deine Nerven und kaufe die betreffende Wohnung lieber nicht, auch wenn sie noch so schön ist.

- **Regel Nr. 5: Rücklagen sind kein Luxus**
  Beim Einfamilienhaus bist du allein für die Instandhaltung verantwortlich. Bei der Eigentumswohnung innerhalb einer Wohnungseigentümergemeinschaft wird sie durch das Hausgeld angespart; ein Teil davon fließt in die sogenannte Instandhaltungsrücklage. Doch egal wie: Eine eiserne Reserve für künftige Instandhaltungs- und Modernisierungsmaßnahmen brauchst du in jedem Fall. Heizung kaputt, Dach undicht, Fassade marode? Dafür können schnell fünfstellige Beträge fällig werden. Plane also Instandhaltungskosten von Anfang an mit ein und spare laufend für spätere Baumaßnahmen. Wer zu knapp kalkuliert, zahlt später drauf.

Mein Fazit
Immobilien können ein echter Vermögensbaustein sein – aber eben nur, wenn du weißt, worauf du dich einlässt. „Betongold" glänzt nicht automatisch. Doch mit etwas Weitblick, dem nötigen Eigenkapital und gesundem Menschenverstand wird aus der Immobilie tatsächlich ein solides Fundament für deine finanzielle Zukunft.

Immobilien zur Vermietung

Ob sich ein Mietobjekt in Deutschland lohnt – also der Kauf einer Immobilie, die du vermietest –, hängt stark von drei Faktoren ab: Lage, Finanzierung und Vermietungsstrategie. Pauschal kann man die Frage nicht mit „Ja" oder „Nein" beantworten. Sehen wir uns das Ganze pragmatisch an – mit Blick auf Wohnimmobilien.

- **Die Lage ist (immer noch) entscheidend**
  Ein Mietshaus in Hintertupfing bringt dir wenig, wenn die Region schrumpft, die Nachfrage sinkt und du ewig nach Mietern suchst. Andererseits sind die Preise in München, Hamburg oder Frankfurt oft schon so hoch, dass sich der Kauf kaum noch rechnet. Etwas besser sieht es womöglich aus in mittelgroßen Städten oder dem Speckgürtel großer Städte. Dort findest du vielleicht noch ein Objekt zum vernünftigen Preis und du hast gute Chancen, Mieter zu finden. Achte aber auf Arbeitsplätze, Infrastruktur und Bevölkerungsentwicklung.

- **Lass dich nicht von angeblich attraktiven Renditeaussichten blenden**
  Kalkuliere nüchtern. Als Faustformel gilt: Die Bruttomietrendite sollte bei mindestens vier Prozent liegen; gemeint ist die Jahreskaltmiete geteilt durch den Kaufpreis. Beispiel: Eine Wohnung kostet 300.000 Euro und bringt 1.000 Euro Miete im Monat. Das ergibt 12.000 Euro im Jahr – also vier Prozent Bruttorendite. Klingt das gut? Moment! Jetzt kommen noch Kaufnebenkosten, Instandhaltung,

Verwaltung, Rücklagen, Leerstand und eventuell Maklergebühren dazu. Was wirklich zählt, ist die Nettomietrendite nach Kosten und Steuern. Und die liegt bei Wohnimmobilien in guten Lagen oft eher bei zwei bis drei Prozent.

- **In Deutschland mischt der Staat kräftig mit – manchmal zu sehr**
  Mietpreisbremse, Kündigungsschutz, energetische Sanierungspflichten, Heizungsdebatten – das alles kann dir als Vermieter die Bilanz verhageln. Und nein: Du darfst Mieter nicht einfach rauswerfen oder modernisieren und die Miete verdoppeln. Wer vermietet, ist nicht nur Investor, sondern auch Verwalter, Verhandler, Problemlöser. Als Vermieter oder Vermieterin brauchst du ein gutes Nervenkostüm und die ständige Bereitschaft, dich um deine Mietobjekte, seine Bewohner und die sich ständig ändernden gesetzlichen Vorschriften zu kümmern.

Weniger Tamtam hast du in der Regel, wenn du keinen Wohnraum vermietest. Bei gewerblichen Mietverträgen gibt es keinen gesetzlichen Mieterschutz, Gleiches gilt für Garagen und Stellplätze. Um eine solche Vermietung aber rentabel zu gestalten, musst du ebenfalls mit spitzem Bleistift rechnen, es sei denn, das Objekt gehört dir schon. Und sei es nur der ungenutzte Stellplatz, der zu deinem Eigenheim gehört und an dem der Nachbarssohn Interesse hat, weil er inzwischen den Führerschein und ein eigenes Auto hat.

Immobilienfonds

Es gibt auch Investmentfonds, die in Immobilien investieren, also in vermietbare Gewerbe- und Wohnimmobilien in verschiedensten Städten und Lagen. Ich erwähne sie hier nur der Vollständigkeit halber, denn besonders überzeugend sind sie nicht. Das gilt nicht nur für die sogenannten geschlossenen Immobilienfonds, bei denen es sich um eine Unternehmensbeteiligung handelt und vor denen ich dich schon im Abschnitt über Investmentfonds gewarnt habe. Aber auch offene Immobilienfonds halte ich nicht für ideal.

Wenn du zur Bank gehst und dich nach einer Anlagestrategie erkundigst, wirst du oft hören, ein offener Immobilienfonds sei eine „gute Beimischung für ein ausgewogenes Depot". Gemeint ist ein Fonds, der statt Aktien oder Anleihen Immobilien kauft – Bürohäuser, Einkaufszentren, Lagerhallen oder Wohnimmobilien. „Betongold", so heißt es gern, sei wertstabil und schütze vor Inflation. Klingt vernünftig. Ist es aber nicht.

Vor einigen Jahren erzählte mir eine Bekannte begeistert von einem offenen Immobilienfonds, den ihre Hausbank ihr verkauft hatte. Er steige seit Jahren stetig im Wert. Verkaufen wolle sie ihre Anteile auf keinen Fall – das sei für sie eine richtig gute Geldanlage. Ich war damals schon skeptisch und sagte ihr das auch. Leider haben sich meine Befürchtungen in Bezug auf die Wertentwicklung inzwischen bestätigt. Aus vier Gründen ist mit solchen Fonds langfristig keine tolle Rendite zu machen:

1. **Immobilien lassen sich nicht so schnell verkaufen**
   Der Handel mit Immobilien ist aufwendig. Ob Wohnhaus oder Gewerbeimmobilie – ein Kauf oder Verkauf ist nur mit Notar möglich und mit saftigen Nebenkosten inklusive Steuern verbunden. Für offene Immobilienfonds ist genau das aber Teil des Geschäfts: Wenn viele Anleger ihr Geld abziehen, muss der Fonds Immobilien verkaufen. Das passiert häufig gerade dann, wenn die Lage am Markt schlecht ist und sie das Objekt nur unter Wert losschlagen können. Der Anteilspreis auf dem Papier kann deutlich vom Wert abweichen, den du bei einem Verkauf erzielst. In der Finanzkrise 2008/2009 kam es zu einem regelrechten Ansturm auf diese Fonds. Viele mussten den Rückkauf von Anteilen aussetzen, zum Teil über Jahre. Die Anleger hatten das Nachsehen!

2. **Eingeschränkter Zugang zum eigenen Geld**
   Wenn du Anteile an einem offenen Immobilienfonds kaufst, bist du zwei Jahre lang daran gebunden. Und selbst danach musst du

deinen Ausstieg ein Jahr im Voraus ankündigen. Mit diesen Vorschriften hat der Gesetzgeber auf das Debakel während der Finanzkrise reagiert. Zwar kannst du die Fondsanteile ohne Kündigungsfrist womöglich über eine Börse verkaufen – aber wenn viele andere Anteilseigner das auch tun wollen, rauscht der Kurs in den Keller. Dann sind kräftige Verluste die Folge.

3. **Riesige Fondsvolumina und fragwürdige Käufe**
   Viele der großen Immobilienfonds verwalten gigantische Summen, nicht selten im zweistelligen Milliardenbereich. Selbst ein engagiertes Fondsmanagement kommt bei solchen Beträgen nicht darum herum, irgendwann auch in mittelmäßige Objekte zu investieren – ganz einfach weil das Geld irgendwo hinmuss, selbst wenn es nicht mehr genügend Spitzenobjekte gibt. Die Rentabilität bleibt dabei zwangsläufig auf der Strecke.

4. **Steigende Zinsen als Bremsklotz**
   Immobilienprojekte verschlingen Geld. Wer zwecks Vermietung oder Weiterverkauf sanieren, modernisieren oder neu bauen will, braucht Kredite. Und die sind heute deutlich teurer als noch vor wenigen Jahren. Die steigenden Zinsen machen vielen Immobilienfonds zu schaffen – und das in einer Phase, in der die Bauwirtschaft ohnehin in der Krise steckt. Das ist auch der Grund, warum ich mit meinen Befürchtungen letztlich recht behalten habe: Als die Nullzinszeit ab Frühjahr 2022 vorbei war, kaufte wegen gestiegener Finanzierungskosten kaum noch jemand Immobilien. Damit sanken auch die so sicher geglaubten Renditen von offenen Immobilienfonds und deren Kurse fielen kräftig.

Mein Fazit
Lass besser die Finger von offenen Immobilienfonds. Das Risiko ist hoch, der Ertrag oft enttäuschend. Es gibt sinnvollere Wege, dein Geld anzulegen – mit besserer Flexibilität, mehr Transparenz und vor allem: weniger bösen Überraschungen.

Goldbarren, Goldmünzen und börsengehandeltes Gold (ETCs)

Über Gold-Investments solltest du nur nachdenken, wenn du definitiv genug Geld dafür hast. Denn sie werfen überhaupt keine laufenden Erträge ab, weder in Form von Zinsen noch von Dividenden noch von Mieten. Du spekulierst damit lediglich auf einen Werterhalt oder steigenden Preis, aber ob es wirklich so kommt, steht in den Sternen.

Trotzdem betrachten viele, vor allem vermögende Menschen, Gold als unverzichtbaren Baustein der Absicherung. Empfohlen wird meist eine Beimischung von fünf bis maximal zehn Prozent Vermögensanteil. Das dient dem Schutz gegen größere Krisen und auch gegen einen Verfall des Euro, der angesichts der aktuellen Schulden der Euroländer nicht ganz unwahrscheinlich ist (mit Aktien bist du dagegen aber auch gut abgesichert).

Auch wenn Gold nach maximaler Sicherheit klingt, schwankt der Preis gewaltig. Außerdem kannst du Gold nicht kaufen, ohne beim Händler einen beträchtlichen Aufschlag auf den reinen Materialpreis zu zahlen. Das gilt nicht nur für Schmuck und dekorative Sammler- und Gedenkmünzen, bei denen die kunstvolle Verarbeitung zu Buche schlägt, sondern leider auch für klassisches Anlagegold.

Im Prinzip hast du drei Möglichkeiten, zu halbwegs vertretbaren Kosten in Gold zu investieren. Entweder kaufst du Barren oder Münzen. Oder du entscheidest dich für Wertpapiere, die dein Eigentum an einer bestimmten Menge Gold verbriefen. Hier die wichtigsten Infos:

- **Goldbarren** bekommst du in verschiedenen Größen, beginnend bei einem Gramm. Bis 100 Gramm sind sie meist gestanzt und in einer Blisterverpackung erhältlich, ab 100 Gramm handelt es sich meist um gegossene Barren, erkennbar an den runderen Kanten. Die Feinheit (also der Goldanteil) beträgt üblicherweise 999 oder sogar 999,9 von 1.000 Teilen – du erhältst also nahezu reines Gold. Das angegebene Gewicht bezieht sich immer auf das enthaltene Feingold, nicht auf eventuelle Beimischungen. Barren sind in der Regel günstiger als Münzen, vor allem ab einer Unze aufwärts, weil die Herstellung einfacher ist. Auch die Lagerung ist platzsparend. Als Krisenzahlungsmittel sind sie allerdings weniger praktisch.

- **Goldmünzen:** Zur Vermögenssicherung eignen sich nur sogenannte Anlagemünzen – sogenannte Bullion Coins (übersetzt bedeutet das „Barrenmünzen"). Auch sie bestehen aus nahezu reinem Gold und sind international bekannt, was sie im Ernstfall besser als Zahlungsmittel qualifiziert. Zu den bekanntesten Exemplaren zählen der südafrikanische Krügerrand, der kanadische Maple Leaf, der Wiener Philharmoniker und der American Eagle. Diese Münzen sind weltweit verbreitet. Die häufigste Stückelung ist eine Feinunze (rund 31,1 Gramm). Viele Anlagemünzen gibt es aber auch in deutlich kleineren Stückelungen, etwa 1/25 oder 1/20 Unze. Hier solltest du aber Vorsicht walten lassen: Je kleiner die Münze, desto höher das Aufgeld, also der Aufpreis auf den reinen Goldwert.

- **ETCs** („Exchange Traded Commodities", sprich börsengehandelte Rohstoffe) ermöglichen den Goldbesitz ohne Lagerprobleme: Wenn du daheim keinen Tresor hast und kein Bankschließfach mieten willst, könnten diese Wertpapiere interessant für dich sein. Sie verbriefen das Eigentum an einer bestimmten Menge Gold, zum Beispiel ein Gramm oder eine Zehntel Feinunze. Viele ETCs sind physisch hinterlegt und lagern das Gold in einem

Tresor. Bei einigen Anbietern kannst du dir deinen Anteil auf Wunsch sogar physisch liefern lassen. ETCs ersparen dir die Sorge vor Einbruch und die Kosten für eine Lagerung. Du zahlst dafür aber zumeist laufende Gebühren oder einen gewissen Aufschlag beim Kauf.

Was für dich passt
Ob Barren oder Münzen, das ist meist eine Frage des persönlichen Geschmacks. Willst du dein Gold im Fall einer Krise als Tauschmittel einsetzen, dann sind gängige Goldmünzen die sinnvollere Alternative. Sie sind anerkannt und gut handelbar – ein echter Pluspunkt für Anleger mit Weitblick. Willst du auf einen steigenden Goldpreis spekulieren, dir keinen Kopf über eine sichere Aufbewahrung machen und außerdem Kosten beim Kauf sparen, dann sind Gold-ETCs eine super Lösung. Sie liegen als Wertpapiere in deinem Depot und können über die Börse blitzschnell wieder verkauft werden.

KAPITEL 7

Vermögenssicherung: Wie viel Risiko verträgt dein Vermögen?

Landauf, landab hört man im sicherheitsbewussten Deutschland stets den Rat, ab der Lebensmitte bloß nicht mehr allzu sehr auf Aktien zu setzen. Jetzt sei es sicherer, den Zinsanteil der Geldanlage kontinuierlich zu erhöhen, damit Schwankungen das bisher angesparte Vermögen nicht wieder zunichtemachen. Vielleicht fragst auch du dich, wie viel Geld du angesichts schwankender Kurse und gelegentlicher Börsencrashs in Aktien und Co investieren solltest und wie viel du lieber in Form von festverzinslichen Wertpapieren oder ganz klassisch als Festgeld anlegen solltest. Denn es liegt ja nahe: Je näher der Ruhestand rückt, desto näher rückt potenziell auch der laufende Geldbedarf. Da sollte nicht ausgerechnet ein Börsencrash deine Ersparnisse aufzehren, wenn du keine Zeit mehr hast, auf eine Erholung zu warten.

Schauen wir uns an, welche Empfehlungen in der Finanzwelt zur richtigen Aufteilung der eigenen Investments in „sichere" und „unsichere" (schwankende) Geldanlagen herumgeistern, also nach einem sehr vereinfachten Verständnis in

- **Zinsanlagen** wie Festgeld, Sparbriefe, Anleihen, Renten oder Geldmarktfonds („sicher") und
- **Aktien oder Aktienfonds** („unsicher").

Kommen wir somit zu den goldenen Regeln der Vermögenssicherung und den Ansichten, die dazu kursieren. Die erste der folgenden Regeln hält sich hartnäckig, wahrscheinlich hast auch du sie schon oft gehört. Ich stelle dir aber auch noch andere Konzepte vor und kommentiere sie am Schluss dieses Kapitels.

Aktienquote = 100 minus Lebensalter

Zieh dein Alter von 100 ab und schon weißt du, wie viel Prozent deines Vermögens du in Aktien stecken darfst. Mit 50 wären das also 50 Prozent Aktien, mit 70 nur noch 30 Prozent. Klingt plausibel, ist aber in etwa so zeitgemäß wie der gute alte Bausparvertrag.

Die Idee dahinter: Je älter du wirst, desto mehr Sicherheit brauchst du – und desto weniger Risiko (sprich: Aktien) solltest du dir zumuten. Nur: So funktioniert das moderne Leben nicht mehr.

Das Problem dabei: Heutzutage starten viele Menschen mit 50 plus erst richtig durch – beruflich, finanziell, aber auch mental. Das Rentenalter rückt nach hinten, die Lebenserwartung steigt und das Vermögen soll oft noch 30 oder 40 Jahre reichen. Da wirken 30 Prozent Aktienanteil wie eine Spazierfahrt mit angezogener Handbremse – vor allem bei Niedrigzinsen, Inflation und steigenden Lebenshaltungskosten.

Die klassische 60/40-Regel – der wenig durchdachte Standard

Dieser Ansatz ist so alt wie solide: 60 Prozent für den Wachstumsturbo (Aktien und Co), 40 Prozent für die Sicherheitsleine (Anleihen, Festgeld oder Ähnliches). Die Idee: Du profitierst von langfristigem Börsenwachstum, hast aber gleichzeitig einen Puffer, falls es an den Märkten rappelt.

Mit zunehmendem Alter oder bei größerem Sicherheitsbedürfnis kannst du die Mischung verschieben – etwa auf 50/50 oder 40/60. Wenn du schon eine gute Rente, eine Pension oder stetig fließende Mieteinnahmen hast, kannst du auch offensiver investieren. Wenn du dagegen im Alter jeden Euro brauchst und dir zwischenzeitliche Kurseinbrüche nicht leisten kannst, fährst du mit mehr Sicherheitskomponenten besser.

Auch das ist jedoch zu kurz gesprungen: Mich stört an dieser Regel genauso wie bei der Regel 100 minus Lebensalter, dass sie nicht zur Lebenssituation vor allem der Bestager passen. Gut, vielleicht studieren die Kinder noch, beenden in Kürze die Schule oder machen eine Ausbildung. Doch wenn diese Phase vorbei ist, fällt der Geldbedarf für den Nachwuchs üblicherweise weg. Warum solltest du ausgerechnet jetzt Geld in festverzinsliche Anlagen umschichten, bei denen der Guthabenzins nicht reicht, um die Inflation auszugleichen? Du brauchst dein Geld doch sowieso nicht auf einen Schlag, sobald du in den Ruhestand kommst. Da erscheint es doch viel sinnvoller, es langfristig am Aktienmarkt zu platzieren – zum Beispiel in Dividendenaktien, die dir laufend Ausschüttungen einbringen.

Risikopuffer statt Altersformel – *wann* du es brauchst, zählt

Nicht das Geburtsjahr entscheidet, sondern der Zeitpunkt, zu dem du dein Geld brauchst. Der Ansatz:

- Was du in den nächsten drei bis fünf Jahren ausgeben willst, gehört auf ein Tagesgeld- oder Festgeldkonto.

- Was du erst in zehn oder 15 Jahren brauchst, kann ruhig in Aktien oder Fonds angelegt werden, um mehr zu erzielen als einen reinen Inflationsausgleich.

So schaffst du dir einen Risikopuffer für kurzfristige Ausgaben – und kannst bei den langfristigen Rücklagen Börsenturbulenzen aussitzen, ohne in Panik zu geraten.

Mein Urteil: Das gefällt mir schon besser. Denn es lässt dir die Möglichkeit, individuell je nach Lebenssituation zu entscheiden, was gut für dich ist.

Das Lebensphasen-Modell – Vermögen nach Zweck aufteilen

Hier wird dein Geld nicht nach Prozentzahlen sortiert, sondern nach Lebensphasen:

- **Sicherheitsbaustein:** für die monatliche Basis – zum Beispiel Tagesgeld, Rentenzahlungen oder Sofortrente.

- **Renditebaustein:** für langfristigen Vermögensaufbau – zum Beispiel ETF-Sparplan und Aktien, vielleicht auch Immobilien.

- **Flexibilitätsbaustein:** für Wünsche, Überraschungen oder neue Pläne – zum Beispiel Gold, Bargeldreserven.

Auch das klingt recht vernünftig. Lediglich Gold halte ich für nicht geeignet zur flexiblen Wunscherfüllung, denn du verlierst beim Kauf oder Verkauf jedes Mal den Händlerauf- beziehungsweise -abschlag.

Ansonsten kannst du aber mit diesem Konzept klar entscheiden: Was brauche ich wofür – und wie viel Risiko passt zu welchem Teil? Und natürlich ist auch das Umschichten erlaubt. So kannst du die Dividenden aus deinem Aktienportfolio flexibel einsetzen – etwa für einen Spontanurlaub oder eine ausgedehnte Shoppingtour.

Die Bucket-Strategie – drei Eimer, ein Konzept

Stell dir dein Vermögen wie drei Wassereimer vor:

1. **Eimer 1** (Anlagehorizont null bis drei Jahre): Cash, Tagesgeld und Festgeld – für laufende und absehbare, bald erwartete Ausgaben.

2. **Eimer 2** (Anlagehorizont drei bis zehn Jahre): Anleihen und Mischfonds – für mittelfristige Bedürfnisse.

3. **Eimer 3** (Anlagehorizont über zehn Jahre): Aktien, Aktienfonds, ETFs – für den Vermögensaufbau. Idealerweise steckst du auch die erhaltenen Dividenden ganz oder teilweise wieder in den Aktienkauf oder sorgst durch einen thesaurierenden (also nicht ausschüttenden) Fonds dafür, dass das von selbst geschieht. Das beschert deinem Vermögen erst den richtigen Rendite-Turbo!

Der Gedanke dahinter ist klug: Wenn die Börsen verrücktspielen, kann dir das zunächst egal sein. Du greifst erst einmal auf Eimer 1 zurück und hast auch in Eimer 2 nur begrenzt negative Auswirkungen zu erwarten. Dieses Konzept gibt dir Zeit und innere Ruhe, bis die Geldanlagen in Eimer 3 sich wieder erholt haben. Und das tun sie, wie meine Erfahrung aus über drei Jahrzehnten Aktienanlage reichlich gezeigt hat.

Als Ergänzung: Zielbasierte Asset Allocation – Geld nach Verwendungszweck anlegen

Du willst mit deinem Geld etwas Bestimmtes erreichen? Dann richte einen Teil deiner Anlage genau daran aus:

- **Studium der Enkel in 15 Jahren?** → Investiere das Geld dafür ruhig wachstumsorientiert, zum Beispiel mit einem Aktien- oder Fondssparplan.

- **Hausumbau in fünf bis sieben Jahren?** → Lege das Geld dafür eher ausgewogen an, zum Beispiel mit Mischfonds oder einem Mix aus dividendenstarken Value-Aktien und Festgeld.

So wird dein Geld nicht einfach „angelegt", sondern arbeitet ziel-gerichtet für deine Wünsche und Bedürfnisse.

Jetzt hast du die Wahl

All diese Regeln sind nicht falsch – aber nur du selbst kannst bestimmen, was am besten zu deinen Wünschen und Bedürfnissen passt. Überlege dir,

- wann du dein Geld wirklich brauchst, wie viel es voraussichtlich monatlich beziehungsweise jährlich sein wird und wie lange die Einkünfte andauern sollen. (Ich gebe zu, dazu muss man sich überlegen, wie lange man voraussichtlich noch lebt – ein etwas gewöhnungsbedürftiger Gedanke.)

- wie hoch deine fixen Einnahmen im Alter sind (zum Beispiel gesetzliche und private Rente, Vermietungseinnahmen et cetera) und

- wie du persönlich mit Schwankungen klarkommst beziehungsweise ob du ein gewisses Risiko zugunsten höherer Renditechancen sogar gern eingehst. Da kann ich dir nur raten: Sei nicht zu konservativ, weil du mit den klassischen Zinsanlagen (Tagesgeld, Festgeld, Anleihen, Rentenfonds) in der Regel noch nicht einmal den Inflationsausgleich schaffst, Aktien, Fonds und ETFs dir aber mit einem längeren Anlagehorizont bei hinreichender Sicherheit weitaus mehr Rendite bringen.

- welche Rendite du erzielen solltest, um deinen Lebensunterhalt zu verdienen und deine Träume zu erfüllen.

Keine Sorge

Du musst nicht gleich den ganzen Bedarf für später zu Beginn des Ruhestands parat haben! Denn deine Geldanlage läuft ja weiter, auch wenn du beginnst, Geld aus deinem Vermögen zu entnehmen. Du musst außerdem gar nicht den perfekten, wasserdichten Plan ausarbeiten, der alle Eventualitäten berücksichtigt. Aber du solltest ein Gefühl dafür bekommen, was mit deinem vorhandenen Vermögen plus einer passenden Geldanlage möglich ist, um dir monatlich ohne Sparzwänge und schlechtes Gewissen das auszuzahlen, was du brauchst, und dir außerdem einige schöne Extras zu gönnen, etwa eine Urlaubsreise oder ein hübsch gelegenes Strandhaus. Oder um die Kinder und Enkel zu bedenken oder großzügige Spenden für gute Zwecke zu tätigen, wenn du etwas von deinem Vermögen weitergeben willst.

Mein Rat lautet: Probiere ein wenig herum. Eine tolle Möglichkeit, die dir ein umständliches Herumhantieren mit Taschenrechner oder Excel-Datei erspart, bietet zum Beispiel die Website www.zinsen-berechnen.de. Dort gibt es einen Zinsrechner für die Einmalanlage und einen Sparplanrechner für ratenweises Investieren. Damit kannst du ausrechnen, wie dein Geld sich vermehrt, je nachdem, wie hoch die Zinsen und wie lange die Anlagedauer ist. Ebenso kannst du mit einem Entnahmeplan-Rechner problemlos ermitteln, wie lange dein zu einem bestimmten Zinssatz angelegtes Vermögen reicht, wenn du jeden Monat einen bestimmten Betrag entnimmst. Oder wie viel du entnehmen kannst, damit es bis zu einem bestimmten Jahr reicht. Oder wie viel dir zur Verfügung steht, wenn du den Vermögensstock gar nicht anrühren, sondern nur von den ausgeschütteten Zinsen oder Dividenden leben willst.

KAPITEL 8

Was du tun kannst, wenn das Geld nicht für deine Pläne reicht

Vielleicht hast du dir nach der Lektüre der bisherigen Tipps gedacht: „Schön und gut, aber ich will ja nicht nur für die Zukunft vorsorgen, sondern auch jetzt ein lebenswertes Leben haben." Das ist ein sehr guter Gedanke … und er steht auch keineswegs im Widerspruch zu dem, was du bisher gelesen hast.

Oder du hast nach dem gedanklichen Sortieren deiner Vermögenswerte, Einnahmen und Ausgaben gedacht: „Mist, das reicht ja gar nicht – ich brauche mehr Geld für meine Pläne, als ich habe und verdiene!" Das ist aber auch kein Grund, aufzugeben, sondern vielmehr ein Anlass, neu nachzudenken.

Grundsätzlich gibt es zwei Wege, um zu mehr Geld zu kommen, egal ob du es für deinen aktuellen Lebensstandard oder für deine Zukunft verwenden möchtest: Du kannst entweder aus vorhandenem Vermögen neue Geldquellen erschließen. Dazu gehört auch, dass du dir ansiehst, welche privaten Lebens- und Rentenversicherungen du möglicherweise für eine bessere Geldanlage nutzen kannst. Oder du versuchst, durch mehr Arbeit und/oder eine gezielte Karriereplanung mehr Einkommen zu generieren. Idealerweise machst du alles gleichzeitig.

Neue Geldquellen erschließen

Das klingt erst einmal etwas ominös: Was sollen denn bitte „neue Geldquellen aus vorhandenem Vermögen“ sein? Auch da stelle ich immer wieder fest, dass viele Menschen einfach vergessen, was sie alles haben.

Das beginnt mit einem Keller oder Dachboden voller ungenutzter Möbel und Geräte und einem Schrank, der zwar schier vor Kleidung überquillt, aus dem du aber eigentlich immer nur dieselben paar Teile herausziehst. Und es endet bei leer stehenden Immobilien, von denen es ebenfalls erstaunlich viele gibt.

Nicht mehr Benötigtes zu verkaufen war nie einfacher als heute, ob über Onlinemärkte wie Vinted, Ebay, Kleinanzeigen.de, Momox oder Rebuy, über die klassischen Inserate in Anzeigenblättern, auf Flohmärkten oder über das Schwarze Brett im Supermarkt. Zum einen ist „Vintage“ angesagt und zum anderen ist vielen Menschen Nachhaltigkeit wichtig.

Ich konnte zum Beispiel über die Jahre Hunderte von Büchern nur immer von einem Regal ins andere stellen, sie aber niemals in den Müll werfen. Ein Bücherservice wie Momox machte es dann doch möglich, sie loszuwerden, und das auf gute Weise: Momox kauft die Bücher ab, die noch etwas wert sind, manche für Centbeträge, manche für ein paar Euro, und verkauft sie dann weiter. Das fühlt sich für mich besser an, als sie wegzuwerfen. Mit dem Geld habe ich den Sparplan der Kids gefüttert!

Oft sind aber nicht nur Dinge im Haus ungenutzt, sondern gleich das ganze Gebäude oder Teile davon. Eine Freundin besaß beispielsweise ein kleines Gartengrundstück in der Stadt, auf dem sie jahrelang ihr eigenes Gemüse angebaut hatte. Als ihr das zu mühsam wurde, ließ sie es erst eine Weile mehr oder weniger verwildern, bis sie sich entschloss, es zu verkaufen. Sie erwarb dafür übrigens eine Ferienimmobilie in Südfrankreich, über die sie heute sehr glücklich ist.

Bekannte von mir hatten drei Garagen, aber nur noch ein Auto. Heute wundern sie sich, warum sie Jahre dazu brauchten, um herauszufinden, dass es viel sinnvoller war, die zwei ungenutzten Garagen leerzuräumen und zu vermieten. Die Mieteinnahmen verwenden sie als zusätzliches Urlaubsgeld. Nicht die schlechteste Art der Geldanlage!

Ganz schlimm finde ich es, wenn ganze Wohnungen oder Häuser leer stehen, weil die früheren Besitzer kein Testament gemacht hatten und ihre Immobilie nach ihrem Tod an eine Erbengemeinschaft fiel. Ich kenne Erbengemeinschaften, die bis zu 17 Personen umfassen – kein Wunder, dass nicht so schnell eine Einigung erzielt werden kann. Jahrelang leer stehende Gebäude sind aber nicht nur die „Schuld" der zu Lebzeiten nicht vorausplanenden Erblasser (wie du es besser machst, liest du in Kapitel 10), sondern auch der desinteressierten oder entscheidungsschwachen Erben.

„Wir brauchen das Geld ja nicht und auf der Bank bekommt man kaum Zinsen, wenn man das Haus verkauft", höre ich dann oft. Doch andere Menschen brauchen dringend Wohnraum. Wenn dir das als Argument zu altruistisch ist: Ungenutzte Gebäude gewinnen nur selten an Wert, sie verfallen nach und nach und kosten dennoch laufend Geld, etwa für die Grundsteuer und Instandhaltungsmaßnahmen. Und das Zinsargument zählt deswegen nicht, weil der Erlös aus dem Hausverkauf in einer durchdachten Finanzstrategie ohnehin nicht auf dem Sparbuch oder als Festgeld geparkt werden soll. Du weißt nach der Lektüre dieses Kapitels Besseres damit anzufangen.

Was viele Erben nicht wissen: Man braucht gar keine Einigkeit mit allen Miterben zu erzielen, um eine Immobilie zu verkaufen. Es gibt nämlich auch die Möglichkeit einer Teilungsversteigerung. Wenn die anderen sich partout nicht bewegen wollen, kannst du eine solche Teilungsversteigerung auch allein beantragen.

Dann wird die Immobilie öffentlich versteigert und der Erlös unter den Erben aufgeteilt. Bevor du einen solchen Schritt einleitest, solltest du dich von einem Experten dazu beraten lassen, wie du am besten vorgehst. Oft genügt es aber schon, die Miterben über diesen geplanten Schritt zu informieren, um doch eine Einigung herbeizuführen. Entweder die Erben entschließen sich zum sofortigen Verkauf oder einer aus ihrem Kreis übernimmt die Immobilie und zieht entweder selbst dort ein oder vermietet sie. Die Auszahlung, die er für die jeweiligen Anteile an seine Miterben leistet, ist übrigens grunderwerbsteuerfrei.

Falls sich die Erben nicht einigen können, kann jeder einzelne aus ihrem Kreis eine sogenannte Erbauseinandersetzung vorantreiben, sprich die Zwangsversteigerung der gemeinsam geerbten Immobilie verlangen. Jeder Miterbe darf aber auch an der Versteigerung teilnehmen, um das strittige Objekt selbst zu ersteigern. Wer es am Ende bekommt, kann dir aber gleichgültig sein, solange du deinen fairen Anteil am Verkaufserlös erhältst und ihn für deine eigenen Pläne einsetzen kannst.

Bestehende private Lebens- und Rentenversicherungen nutzen

Gut 84 Millionen private Lebensversicherungen gab es laut Gesamtverband der Versicherungswirtschaft Ende 2024 in Deutschland. Statistisch gesehen hat also jeder Bundesbürger eine solche Police. Leider liest man überall nur Warnungen dazu, bloß keine derartigen Versicherungen neu abzuschließen, weil sie häufig extrem unrentabel sind. Für Menschen in der Lebensmitte stellt sich aber eine ganz andere Frage: Was mache ich mit meinen bestehenden Versicherungen?

Klar ist: Nicht nur Verbraucherschützer schlagen Alarm, sondern selbst die Finanzaufsicht BaFin warnt vor solchen Verträgen. Sie werfen der Versicherungswirtschaft vor allem drei Dinge vor (die BaFin vor allem mit Blick auf fondsgebundene Policen):

- Die Policen sind unrentabel, werfen also schlechte Renditen ab.
- Die Policen sind intransparent.
- Die Policen sind während der gesamten Ansparphase extrem unflexibel. Zum einen, weil man die meist monatlichen Raten in der Regel nicht einfach aufstocken, herabsetzen oder auch einmal aussetzen kann. Zum anderen, weil ein vorzeitiger Zugriff auf das angesparte Geld nicht möglich ist.

Vielleicht hast du dich schon gefragt, warum deine Lebens- und Rentenversicherung(en) dermaßen schlecht verzinst vor sich hindümpeln. Die Frage liegt nahe: Soll ich sie behalten? Oder kündigen? Was kann ich tun, um aus dem darin angesparten Vermögen mehr für mich herauszuholen? Lass uns einen genaueren Blick darauf werfen, denn dieses Problem haben gar nicht so wenige.

Erst prüfen: Welche Policen hast du?

Die Frage, ob eine Versicherung nur im Todesfall zahlt oder auch dann, wenn du steinalt, aber quicklebendig bist, entscheidet darüber, womit du es zu tun hast. Kurz gefasst:

- Zahlt die Police nur bei Tod? Dann hast du eine klassische Risikolebensversicherung abgeschlossen.
- Gibt es auch dann Geld, wenn du die Vertragslaufzeit gesund überstehst? Dann sprechen wir von einer Kapitallebens- oder Rentenversicherung! Das sind Versicherungsprodukte mit Sparkomponente und diese verdienen deine besondere Aufmerksamkeit.

Hier kommen die Details.

Risiko-, Kapitallebens- und Rentenversicherungen – fondsgebunden oder klassisch

Eine **Risikolebensversicherung** ist die einfachste Variante: Stirbst du als versicherte Person während der Laufzeit, bekommt deine Familie die vereinbarte Summe – nicht selten ein sechsstelliger Betrag. Überlebst du den Vertrag, fließt kein Geld, keine Leistung. Dafür ist die Absicherung vergleichsweise günstig. Ideal ist sie für Familien, wenn die Kinder noch klein oder in der Ausbildung sind und das Eigenheim noch nicht abbezahlt ist. Wenn der Hauptverdiener ausfällt, würde das ein finanzielles Desaster bedeuten.

Eine **Kapitallebensversicherung** kombiniert Todesfallabsicherung mit Sparvertrag. Stirbst du als versicherte Person, gibt es Geld für die Hinterbliebenen. Lebst du zum vereinbarten Fälligkeitstermin, gibt es die sogenannte Ablaufleistung, also eine Auszahlung zum Vertragsende. Wie hoch diese Ablaufleistung ausfällt, hängt vom Vertrag, dem Anlageerfolg und deiner Geduld ab.

Eine **Rentenversicherung** ist quasi ein reiner Sparvertrag. Eine Todesfallleistung kann vorgesehen sein, aber meistens ist das nicht der Fall. Im Unterschied zu einer Kapitallebensversicherung gibt es bei Fälligkeit allerdings keine Einmalzahlung, sondern üblicherweise eine monatliche Rente.

Bei Versicherungen mit Sparkomponente, sprich Kapitallebens- oder Rentenversicherungen, wird wiederum zwischen zwei Typen unterschieden:

- Eine klassische Lebensversicherung hat einen festen Garantiezins. Er heißt im Fachjargon der Versicherungswirtschaft auch „Höchstrechnungszins“. Bei Abschluss zwischen 1994 bis 1999 gab es stolze vier Prozent. Wer heute eine solche Police abschließt, muss sich mit bescheidenen 0,25 Prozent begnügen.

- Eine fondsgebundene Lebensversicherung kommt ohne Zinsgarantie daher, lässt aber durch die Geldanlage in Fonds auf mehr Rendite hoffen. Hier hängt alles von der Fondsentwicklung ab. Die Erfahrungen zeigen aber, dass die meisten Policen keine Glanzleistung vollbracht haben.

In beiden Fällen wird nicht die gesamte Prämie investiert. Die Garantieverzinsung bei klassischen Lebensversicherungen bezieht sich nur auf den Sparanteil deiner Einzahlungen, also nach Abzug der Provisionen, der Kosten und des Geldes, das für den Todesfallschutz zur Seite gelegt wird. Dieser Sparanteil wird bei fondsgebundenen Policen in Investmentfonds gesteckt, bei klassischen Policen vorwiegend in Anleihen und zu einem geringen Teil auch in andere Investments wie Aktien oder Immobilien.

Staatlich geförderte Rentenpolicen: Riester und Rürup

Es gibt auch Varianten mit staatlicher Förderung.

- Eine **Riester-Rentenversicherung** können nur Arbeitnehmer oder Beamte abschließen. Der Staat spendiert Zulagen: bis zu 175 Euro Grundzulage, bis zu 300 Euro zusätzlich für jedes Kind. Auch steuerlich gibt es bei richtiger Gestaltung Vorteile. Der Haken ist allerdings eine Auszahlung, die frühestens ab 60 beziehungsweise 62 beginnt und die größtenteils in Rentenform erfolgt.

- Eine **Rürup-Rentenversicherung** (Basisrente) ist beliebt bei Gutverdienern und Selbstständigen. Die Beiträge lassen sich in der Ansparphase steuerlich geltend machen. Dafür gibt es später eine lebenslange Rente – keine Kapitalauszahlung, kein vorheriger Zugriff auf das Geld.

Um es gleich zu sagen: Bei Riester- und Rürup-Versicherungen hast du wenig Möglichkeiten zur Umschichtung oder vorzeitigen Beendigung. Wenn du dir einen solchen Vertrag vorzeitig auszahlen lässt, verlierst du nämlich auf einen Schlag sämtliche erhaltenen staatlichen

Förderungen, ob nun Zulagen oder Steuerersparnisse. Das wären empfindliche Einbußen, die du hinnehmen müsstest. Ratsam ist das in der Regel nicht.

Sterbegeld- oder Ausbildungsversicherung: Klein, aber teuer

Zwei Versicherungsarten gehören in die Kategorie „ganz nett, aber völlig unprofitabel“:

- **Sterbegeldversicherung:** Das ist eine kleine Risikolebensversicherung, gedacht zur Deckung der Beerdigungskosten. Die Summen sind niedrig (meist unter 10.000 Euro), die Gebühren im Verhältnis erstaunlich hoch.

- **Ausbildungsversicherung:** Meist werden solche Policen von wohlmeinenden Großeltern abgeschlossen, um ihren Enkeln zum Ausbildungs- oder Studienstart eine kleine Finanzspritze zu sichern. Im Todesfall springt die Versicherung ein, ansonsten gibt es die Ablaufleistung zum festgelegten Zeitpunkt. Das klingt nett, ist aber teuer erkauft – mit hohen Kosten und oft magerem Ertrag.

Was du wissen solltest
Viele Policen wurden vor Jahren abgeschlossen und fristen seither ein stilles Dasein in deinem Versicherungsordner. Sie einfach weiterlaufen zu lassen ist jedoch nicht immer die beste Lösung. Schau genau hin: Was hast du? Was leistet die Versicherung wirklich? Und: Gibt es heute etwas Besseres für dich? Auf den nächsten Seiten findest du konkrete Tipps, worauf du bei alten und neuen Policen achten solltest und wie du Fehlentscheidungen elegant ausbügelst.

Wie profitabel sind deine Policen?

Stell dir vor, du zahlst seit 1999 jeden Monat 100 Euro in eine Lebensversicherung ein. Das klingt erst einmal solide; damals lockten die Anbieter mit einem Garantiezins von immerhin vier Prozent, davon kann man heutzutage nur träumen. Doch halt: Verzinst wird nicht deine gesamte Prämie, sondern nur der sogenannte Sparanteil. Der liegt oft bei gerade einmal 75 Prozent. Und wenn du 75 Prozent von 100 Euro mit vier Prozent verzinst, landest du effektiv eben nur bei drei Prozent auf deine Einzahlung. Und ob dein Versicherer darüber hinaus Überschüsse erwirtschaftet und dir gutschreibt? Das bleibt ungewiss.

Wenn du nachzurechnen versuchst, wirst du feststellen: Die tatsächliche Verzinsung deiner Prämien liegt unter dem, was man dir bei Abschluss als Garantiezins präsentiert hat. Hat dein Versicherer gemogelt? Nein, aber Lebens- und Rentenversicherungen sind eben eine Blackbox. Wer seine gesamte Prämie in einen Zinsrechner eingibt, landet zwangsläufig bei einer falschen Rendite. Denn der Garantiezins bezieht sich ausschließlich auf den Sparanteil und dessen Höhe wird dir nicht mitgeteilt.

Aber selbst wenn du sie kennen würdest: Die Rechnung ist kein Kinderspiel. Anders als bei einem klassischen Sparplan mit jährlicher Gutschrift und fester Laufzeit läuft bei Lebens- und Rentenversicherungen vieles im Hintergrund – mit Überschussbeteiligungen, Abschluss- und Verwaltungskosten, Rückkaufswerten und steuerlichen Wirkungen. Mit diesem Wirrwarr können nur ausgebildete Versicherungsmathematiker etwas anfangen. Im Klartext heißt das: Kapitallebens- und Rentenversicherungen zählen zu den undurchsichtigsten Anlageformen überhaupt. Und in Sachen Rendite überzeugen sie meist nicht. Versuchen wir trotzdem, der Sache auf den Grund zu gehen. Denn immerhin bekommst du Jahr für Jahr eine sogenannte Standmitteilung von deinem Versicherer … und es lohnt sich durchaus, sich dieses Papier einmal vorzuknöpfen.

Was du aus der Standmitteilung erfährst (und was nicht)

Wie viel wird im Todesfall ausgezahlt? Was bekommst du bei Fälligkeit deiner Police? Welche monatliche Rente würde dir zustehen? Wie viel Geld würdest du erhalten, wenn du deine Lebensversicherung vorzeitig kündigst? Zur Beantwortung all dieser Fragen musst du nicht aufwendig bei deinem Versicherer nachhaken. Die Antworten stecken in der sogenannten Standmitteilung, die du einmal im Jahr zugeschickt bekommst. Das ist eigentlich eine praktische Sache, wäre da nicht das übliche Versicherungsdeutsch.

Die Standmitteilung ist so etwas wie der jährliche Kontoauszug deiner Lebens- oder Rentenversicherung. Sie ist gesetzlich vorgeschrieben. Verständlich ist sie deshalb noch lange nicht. Damit du künftig weißt, worauf du achten solltest, hier die wichtigsten Begriffe in Klartext:

- **Leistung im Todesfall:** Diese Summe bekommen deine Hinterbliebenen, wenn du stirbst, vorausgesetzt, es wurde überhaupt eine Todesfallleistung vereinbart. Das ist zum Beispiel bei Risiko- und Kapitallebensversicherungen der Fall, bei Rentenversicherungen dagegen üblicherweise nicht.

- **Rückkaufwert:** Das ist der Betrag, den du ausgezahlt bekommst, wenn du die Police vorzeitig kündigst. Eine vorzeitige Kündigung ist aber oft ein schlechter Deal, denn vom angesparten Betrag gehen Stornoabschläge und andere Gebühren ab. Kündigst du eine solche Police vor der vereinbarten Fälligkeit, bekommst du häufig weniger zurück, als du eingezahlt hast. Auch nach vielen Jahren kann dich das noch Hunderte Euro kosten.

- **Garantierte Leistung:** Diese Summe wird dir bei klassischen Policen mit Garantiezins zugesichert, also bei nicht fondsgebundenen Kapitallebens- oder privaten Rentenversicherungen. Der Sparanteil deiner Beiträge wird über die Laufzeit mit dem garantierten Zins verzinst. Voraussetzung ist, dass du bis zum Schluss deine Prämien zahlst. Zusätzlich fließen hier bereits gutgeschriebene Überschüsse ein.

- **Garantierte Überschussbeteiligung:** Der Versicherer geht davon aus, mehr als nur den Garantiezins zu erwirtschaften. Gelingt das, wird ein Teil des Gewinns deinem Vertrag gutgeschrieben, und zwar verbindlich. Diese garantierten Überschüsse findest du in der Standmitteilung meist separat ausgewiesen.

- **Bewertungsreserven und Schlussüberschüsse:** Bewertungsreserven entstehen zum Beispiel, wenn Immobilien oder Anleihen im Bestand der Versicherung mehr wert sind, als in der Bilanz ausgewiesen ist. Einen Teil dieses Mehrwerts muss dir der Versicherer gutschreiben. Schlussüberschüsse gibt es ganz am Ende, also bei Fälligkeit der Police, sofern der Versicherer mit dem Geld gut gewirtschaftet hat und nicht die ganze Todesfallreserve aufbrauchen musste.

- **Gesamte garantierte Ablaufleistung:** Das ist die Summe, mit der du zum Laufzeitende voraussichtlich rechnen kannst. Manchmal taucht sie auch unter dem Begriff „Gesamtverzinsung" auf. Die vermeintlich verlässliche Angabe ist aber nur eine Art Hochrechnung und oft gibt der Versicherer eine Spanne an, was im günstigsten oder im ungünstigsten Fall zu erwarten ist. Welche Verzinsung tatsächlich eintritt, zeigt sich erst ganz am Schluss, wenn die letzte Rechnung gemacht ist.

Schau dir die Standmitteilungen der vergangenen Jahre an und vergleiche, was beim Rückkaufwert der gesamten garantierten Ablaufleistung steht. Dann siehst du, wie sehr dein Vermögen in der Versicherung zuletzt gewachsen ist oder auch nicht.

Klar ist: Eine unprofitable Geldanlage brauchst du nicht, schon gar nicht, wenn sie dir den Zugriff auf das Geld auch noch bis zur Fälligkeit verweigert. In einem solchen Fall solltest du überlegen, wie du aus dieser Nummer wieder herauskommst. Bei Policen hingegen, deren Hinterbliebenen- oder Berufsunfähigkeitsschutz du noch brauchst, ist eine Kündigung nicht ratsam.

Was tun mit unprofitablen Lebensversicherungen?

Was kannst du nun tun, um aus vorhandenen privaten Lebens- oder Rentenversicherungen den größtmöglichen Profit zu schlagen? Es gibt mehrere Möglichkeiten, aber nicht alle sind gleich gut für deine persönliche Situation geeignet.

- **Möglichkeit 1: Bis zur Fälligkeit weiterführen.** Du zahlst weiterhin deine Prämien ein, wartest den Fälligkeitstermin ab und kassierst dann die Versicherungsleistung für den „Erlebensfall", wie es im Versicherungsjargon so schön heißt.

- **Möglichkeit 2: Beitragsfrei stellen.** Die Police läuft weiter bis zur vereinbarten Fälligkeit, aber du zahlst keine weiteren Prämien mehr ein.

- **Möglichkeit 3: Kündigen.** Du beendest den Versicherungsvertrag und lässt dir vom Versicherer den sogenannten Rückkaufwert auszahlen.

- **Möglichkeit 4:** Verkaufen. Du überlässt deinen Lebensversicherungsvertrag einem Fremdanbieter, der dir etwas mehr dafür zahlt als den Rückkaufswert.

- **Möglichkeit 5:** Beleihen. Du nutzt den Versicherungsvertrag als Sicherheit für ein Darlehen, das du aufnimmst. Diese Option könnte helfen, akute Geldnöte zu überbrücken.

- **Möglichkeit 6:** Widerrufen. Du nutzt die Tatsache aus, dass viele Versicherer ihre Kunden bei Abschluss nicht ordnungsgemäß über ihre Rechte zum Vertragswiderruf aufgeklärt haben, und verlangst eine Rückabwicklung, sprich die Rückzahlung sämtlicher bislang von dir eingezahlter Prämien.

Schauen wir uns die einzelnen Möglichkeiten genauer an.

Möglichkeit 1: Bis zur Fälligkeit weiterführen

Das ist nicht die schlechteste Lösung, vor allem für klassische Policen, die du schon vor Jahrzehnten abgeschlossen hast. Denn zum einen lag die garantierte Mindestverzinsung pro Jahr bei Abschluss in den Jahren 1994 bis 1999 bei immerhin vier Prozent. Das heißt, selbst wenn der Sparanteil der Prämien nur bei 75 Prozent liegt, erzielst du mit einer solchen Police auf völlig sichere Weise Jahr für Jahr drei Prozent Zinsen. Bei Abschluss bis 2003 lag der Garantiezins immerhin noch bei 3,25 Prozent, was bei einem Sparanteil von 75 Prozent noch ungefähr 2,4 Prozent Jahreszins entspricht. Das schaffst du aktuell dauerhaft bei vergleichbarer Sicherheit mit kaum einem Festgeldkonto.

Ein zweiter Grund ist die Steuerbefreiung, die für Kapitallebensversicherungen gilt, die du vor dem 1. Januar 2005 abgeschlossen hast. Komplett steuerfrei bleibt die Ablaufleistung, wenn

- du den ersten Beitrag spätestens zum 31. März 2005 eingezahlt hast,
- die Laufzeit mindestens zwölf Jahre beträgt,
- du mindestens fünf Jahre lang Beiträge eingezahlt hast und
- du die Ablaufleistung als Einmalzahlung erhältst und nicht als Rente.

Wenn du nicht gerade in akuter Geldnot bist, spricht viel dafür, solche Policen bis zur Fälligkeit weiterzuführen. Das gilt vor allem, wenn sie nur noch eine kurze Restlaufzeit von beispielsweise fünf Jahren oder weniger haben. Natürlich solltest du aber noch die anderen Möglichkeiten prüfen, bevor du dich endgültig festlegst.

Möglichkeit 2: Beitragsfrei stellen

Die Idee klingt zunächst charmant, aber trotzdem lohnt sich ein genauerer Blick. Du kannst die laufenden Einzahlungen stoppen, sprich die Police beitragsfrei stellen. Dann bleibt der Versicherungsvertrag bestehen und der Hinterbliebenenschutz oder sonstige vereinbarte Leistungen wie etwa eine Berufsunfähigkeitsrente sind zumindest noch zu einem gewissen Umfang bis zum Ende der vereinbarten Laufzeit vorhanden, vorausgesetzt, du hast dafür schon genügend Reserven aufgebaut.

Das Geld, das du dann nicht mehr in den Versicherungsvertrag einzahlen musst, kannst du beispielsweise verwenden, um einen Fonds- oder ETF-Sparplan zu füttern … mit auf lange Sicht wesentlich besseren Renditen. Rechne nach, bevor du handelst. Stellst du deine Lebensversicherung beitragsfrei, bekommst du am Ende weniger ausgezahlt. Die spannende Frage lautet: Wie viel weniger? Wenn du es schaffst, die Lücke mit einer anderen Geldanlage wettzumachen, die bei vergleichbarer Sicherheit mehr Rendite liefert, kommt diese Option infrage.

Möglichkeit 3: Kündigen

Bei einer Kündigung während der Laufzeit musst du dich mit dem Rückkaufswert zufriedengeben, den die Versicherung dir auszahlt. Wie hoch er ist, steht in deiner Standmitteilung. Dort erkennst du, dass der Versicherer bei dieser Option im Vergleich zur Auszahlung bei Fälligkeit einen gewaltigen Abzug vornimmt. Er behält die Abschluss- und Vertriebskosten ebenso ein wie eine Stornogebühr. Der Rest ist oft mickrig. Nicht selten bekommst du selbst nach jahrelanger Laufzeit weniger heraus, als du eingezahlt hast. In diesem Fall solltest du allerdings prüfen, ob du den Verlust (ausgezahlter Rückkaufswert minus eingezahlte Beiträge) nicht steuerlich geltend machen kannst. Das ist häufig möglich und sichert dir zumindest noch gewisse Steuervorteile im Jahr der Kündigung.

Wie triffst du nun eine vernünftige Entscheidung? Hilfreich ist hier ein Rechner, den der Bund der Versicherten auf seiner Internetseite zur Verfügung stellt.

Mein Tipp: Nutze die Entscheidungshilfe vom Bund der Versicherten
Der Bund der Versicherten ist eine Verbraucherschutzorganisation, die sich auf Versicherungen spezialisiert hat. Auf ihrer Website bietet sie ein Tool an, das nicht schwierig zu bedienen ist:

- Gib in deinem Browser diese Internetadresse ein: www.bundderversicherten.de.
- Klicke im Menü auf „Gut beraten".
- Wähle unter „Versicherungsrechner" den „Renten- und Lebensversicherungsrechner".
- Scrolle nach unten bis zur Frage „Hop oder Top? Kündigen oder weiter zahlen?" Klicke anschließend auf den Button „Weiter".

So funktioniert es: Du machst Angaben zu deiner Police. Die meisten davon findest du problemlos in der jüngsten Standmitteilung, die du erhalten hast. Die Website liefert dir auch ein Musterschreiben, mit dem du die nötigen Daten direkt bei deinem Versicherer anfordern kannst. Nach Eingabe sagt dir der Rechner, welche Rendite du mit dem Geld erzielen müsstest, wenn du das durch Kündigung oder Beitragsfreistellung frei gewordene Geld bis zur Fälligkeit anderweitig anlegen müsstest. Sieh dir an, ob das bei ähnlicher Sicherheit gegeben ist oder nicht, sprich als Tages- oder Festgeld. Wenn sehr hohe Renditen gefordert werden, lohnt sich eine Kündigung oder Beitragsfreistellung in der Regel nicht. Sind sie dagegen niedrig, solltest du darüber nachdenken – beziehungsweise auch die nächste Möglichkeit noch in Erwägung ziehen: den Verkauf deiner Police.

Möglichkeit 4: Verkaufen

In sehr seltenen Fällen kannst du deine Police auch verkaufen, anstatt sie zu kündigen. Es gibt ein paar spezialisierte Policenankäufer, die dir dafür etwas mehr Geld bieten als nur den Rückkaufswert, den du bei einer Kündigung vom Versicherer bekommst, meist ein bis vier Prozent mehr. Manchmal bleibt der Todesfallschutz sogar erhalten. Diesen zahlt im Falle eines Falles der Aufkäufer aus – allerdings abzüglich des Kaufpreises, den er für deine Police gezahlt hat, und einer Verzinsung, die er sich gönnt. Einen eventuell enthaltenen Unfall- oder Berufsunfähigkeitsschutz verlierst du allerdings beim Verkauf. Und es gibt auch Aufkäufer, die deine Police insgesamt beenden, dann ist es auch mit dem Todesfallschutz vorbei. Es kann trotzdem sein, dass sie dir etwas mehr zahlen als den Rückkaufswert.

Du kannst dir von Aufkäufern ein Angebot machen lassen, indem du deine Vertragsdaten übermittelst. Das geht oft online; die einschlägigen Anbieter findest du, indem du in Google die Suchworte „Lebensversicherung verkaufen" eingibst. Dann erfährst du binnen weniger Tage, ob deine Police sich überhaupt für einen Verkauf eignet und was du dafür erhalten würdest.

Gib den angebotenen Kaufpreis in den Rechner des Bundes der Versicherten ein, um ein Gefühl dafür zu bekommen, ob sich das lohnt.

Aber aufgepasst: Schwarze Schafe!
Infrage kommen nur Anbieter, die dir die gebotene Summe auf einen Schlag auszahlen. Lass dich nicht auf eine Auszahlung in Raten ein. Mindestens den vom Versicherer in der Standmitteilung genannten Rückkaufswert solltest du erhalten; wenn dann noch ein Nachschlag nach genauer Prüfung deiner Police in Aussicht gestellt wird, ist das in Ordnung. Die Aufkäufer müssen nämlich meist erst die Daten vom Versicherer anfordern und das kann dauern. Auf Teilzahlungen unterhalb des Rückkaufswertes mit dem Versprechen künftiger weiterer Auszahlungen solltest du dich hingegen nicht einlassen. Sie sind bedenklich, denn du weißt nicht, was da noch kommt, ob es kommt und ob der Aufkäufer nicht zwischendurch pleitegeht, womit dein Anspruch auf weitere Zahlungen erlöschen würde. Zudem sollte geklärt sein, dass der Anbieter nicht etwa die Abgeltungsteuer einbehält, denn dir steht die steuerfreie Summe zu. Prüfe in den Allgemeinen Geschäftsbedingungen des Aufkäufers, ob eine entsprechende Klausel einen solchen Steuerabzug vorsieht.

Möglichkeit 5: Beleihen

Du bist akut in Geldnot, möchtest deine Lebensversicherung aber unbedingt bis zur Fälligkeit behalten? An Menschen in dieser Situation wenden sich einige Banken und sonstige Darlehensgeber mit dem Angebot für einen Kredit, bei dem die Lebensversicherung als Sicherheit eingesetzt wird. Geworben wird mit folgenden Aussagen:

- **Keine Kündigung nötig:** Die Police bleibt bestehen und die Ablaufleistung liegt meist deutlich über dem Rückkaufswert.

- **Absicherung bleibt erhalten:** Der Todesfallschutz und eventuelle sonstige Versicherungsschutzleistungen, etwa eine enthaltene Unfallversicherung, laufen unverändert weiter.

- **Breite Akzeptanz:** Sogar fondsgebundene Lebensversicherungen können beliehen werden – allerdings nur bis etwa 60 Prozent des Rückkaufswerts; bei klassischen Policen liegt die Beleihungsgrenze höher.

- **Zins statt Tilgung:** Ein solches Policen-Darlehen ist endfällig. Du zahlst also zunächst nur die Zinsen, keine Tilgungsraten. Erst am Ende muss es zurückgezahlt werden, idealerweise aus der Fälligkeitsleistung des Versicherers.

Das klingt nach einer eleganten Lösung … aber das ist sie nur auf dem Papier. Denn es gibt zwei riesige Nachteile.

Erstens ist die Zinslast hoch. Wer ein solches Darlehen aufnimmt, bekommt es in aller Regel in Form eines endfälligen Kredits. Das heißt: Während der Laufzeit werden nur die Zinsen in Form von Raten fällig. Die eigentliche Kreditsumme wird nicht kleiner. Damit zahlt man für eine lange Zeit hohe (und nicht abnehmende) Zinsen. Denn die Darlehenssumme bleibt bis zum Schluss ungetilgt – und damit fallen bis zum Schluss die vereinbarten Zinsen auf die volle Summe an. Im Vergleich zu einem klassischen Ratenkredit, bei dem du Monat für Monat deine Schulden abbaust und deshalb auch die Zinsen schrumpfen, ist das ein echter Renditekiller.

Zweitens ist die steuerliche Situation nachteilig. Erinnerst du dich an die Aussagen zur Steuerfreiheit von Kapitallebensversicherungen, die du vor 2005 abgeschlossen hast? Achtung: Sobald du eine solche Police als Sicherheit für ein Darlehen einsetzt, ist es vorbei mit dem steuerlichen Vorteil. Für immer. Das steht nirgends groß auf der Website der Anbieter und auch in deren bunten Prospekten wird es mit keinem Wort erwähnt, aber es kann dich Tausende Euro kosten. Übrigens sind ab 2005 abgeschlossene Kapitallebensversicherungen zwar nicht steuerfrei, aber unter bestimmten Voraussetzungen steuerbegünstigt. Aber auch diese Steuerprivilegien gehen bei Beleihung verloren.

Mein Rat: Finger weg!
Von einer Beleihung bestehender Policen solltest du Abstand nehmen. Die Gefahr ist groß, dass du damit Geld verlierst, anstatt finanziellen Spielraum zu gewinnen.

Möglichkeit 6: Widerrufen

Der Vollständigkeit halber erwähne ich hier noch die Möglichkeit des Widerrufs. Bei bestimmten Lebensversicherungen, die zwischen dem 29. Juli 1994 und dem 31. Dezember 2007 nach dem sogenannten Policenmodell abgeschlossen wurden, haben die Lebensversicherer ihre Kunden nicht angemessen über ihre Widerrufsrechte informiert. Nach langem juristischen Hickhack entschied darum der Europäische Gerichtshof, dass hier ein zeitlich unbegrenztes Widerrufsrecht besteht.

Theoretisch würde das bedeuten: Du kannst vom Versicherer verlangen, dass er dir die bislang eingezahlten Prämien zurückzahlt und dich so stellt, als hättest du den Versicherungsvertrag nie abgeschlossen. Von seiner Auszahlung abziehen dürfte er allerdings den Teil der Prämien, die er für den Todesfallschutz oder sonstige enthaltene Risiken (Unfall, Berufsunfähigkeit und so weiter) reserviert hat.

Zudem ist es in der Praxis bis heute umstritten, für welche Policen das wirklich gilt. Mit hoher Wahrscheinlichkeit müsstest du dein Widerrufsrecht gerichtlich durchsetzen. Falls du unterliegst, würdest du hohe Anwalts- und Gerichtskosten zahlen.

Mein Fazit: Oft empfohlen, aber nicht praxistauglich
Ich bin der Auffassung, mit der Möglichkeit des Widerrufs werben hauptsächlich spezialisierte Anwälte, die mit entsprechenden Prozessen Geld verdienen wollen. Das Ganze ist eine Blackbox. Du kannst es versuchen, wenn du eine Rechtsschutzversicherung hast, die Banken- und Kapitalmarktrecht einschließt und dir für einen solchen Prozess eine Deckungszusage gibt. Eine solche Zusage zu bekommen dürfte allerdings nicht einfach sein. Daher rate ich dir, dich vorwiegend mit den oben aufgeführten Möglichkeiten 1 bis 4 zu befassen.

Mehr Einkommen erzielen

Das laufende Einkommen zu erhöhen, erscheint auf den ersten Blick nicht ganz einfach. Es gibt mehr Wege, als eine Gehaltsverhandlung außer der Reihe zu führen (wobei du das ruhig probieren kannst). Einfacher und vermutlich erfolgversprechender ist es, die Arbeitszeit aufzustocken, wenn du jetzt in Teilzeit arbeitest, oder dir einen Minijob zu suchen, den du zusätzlich zu deinem normalen Beschäftigungsverhältnis oder neben deiner Rente ausübst. Vom frühmorgendlichen Zeitungaustragen über Nachhilfestunden am Wochenende bis zum Bedienen am Abend lassen sich viele Jobs finden, die du leicht nebenher betreiben kannst. Ich kenne Menschen, die ihr Hobby zu einem Nebenerwerb gemacht haben und beispielsweise Stadtführungen anbieten, Streuobst-Apfelsaft in Boxen verkaufen oder Musikunterricht geben.

Eine weitere Alternative ist der Aufbau einer Selbstständigkeit, ob nebenher oder im Haupterwerb. Kunden lassen sich heute über Online-Auftragsbörsen gewinnen. Dienstleistungen wie Programmieren, Texten, Designen, Coachen und Beraten kannst du über einen eigenen Webauftritt und Social-Media-Aktivitäten ohne große Kosten vermarkten. Auch so mancher Spezialversand arbeitet mit sehr geringen Fixkosten vom heimischen Wohnzimmer oder Keller aus und trägt zum Haushaltseinkommen bei. Und nicht zuletzt hast du die Möglichkeit, in dem Bereich, in dem du viel Erfahrung und viel Wissen hast, via Internet ganz neue Einkommensquellen zu generieren.

(Weiter-)Arbeiten in einer Festanstellung

Wenn du es im Angestelltendasein strategischer angehen möchtest, kannst du in die gezielte Karriereplanung einsteigen: Welche besser bezahlten Stellen und Aufstiegsmöglichkeiten sind für dich in Reichweite? Genügt dafür ein Wechsel zu einem anderen Unternehmen oder brauchst du eine spezielle Weiterbildung oder Zusatzqualifikation? Diese kann ein lohnendes Investment an Zeit und Geld sein, wenn sie zu einer höher bewerteten Stelle und damit zu einem dauerhaft höheren Einkommen führt.

Im Ruhestand weiterzuarbeiten ist ebenfalls keine schlechte Option, und das tun tatsächlich gar nicht so wenige Menschen. 2023 gingen laut Angaben des Statistischen Bundesamtes 13 Prozent der 65- bis 74-Jährigen einer Erwerbstätigkeit nach, Männer mit 16 Prozent häufiger als Frauen (10 Prozent). Die meisten Ruhestandserwerbstätigen (40 Prozent) arbeiteten zwar nur in geringem Umfang, nämlich bis zu zehn Stunden pro Woche, immerhin 16 Prozent dagegen 40 oder mehr Stunden wöchentlich.

Ein Drittel der Befragten arbeitete nur aus finanziellen Gründen weiter, fast genauso viele aber nannten „Freude an der Arbeit“ als Hauptgrund. Und ja, wenn du das Glück hast, einer Arbeit nachzugehen, die dir Freude macht und dich erfüllt: Warum solltest du damit aufhören, nur weil du das offizielle Rentenalter erreicht hast?

Arbeit gibt der Woche und den Tagen Struktur, verschafft dir Kontakte zu Kolleginnen, Kollegen oder auch Kunden und ermöglicht es dir, dein Wissen und Können fruchtbringend einzusetzen. Das tut gut und hält jung.

Mit Staunen und Respekt denke ich beispielsweise an den Seniorchef einer Spenglerei, der sich um die Dachentwässerung meiner Garage kümmerte: Der Mann, der da munter über das Baugerüst kletterte und kniend Kupferbleche verschraubte, war 80 Jahre alt! Unterstützt wurde er übrigens vom ersten Lehrling, den er in seinem langen Berufsleben ausgebildet hatte, wie er mir erklärte. Der war jünger, nämlich „erst" 78. Beide hatten sichtlich Freude an der Aufgabe und der Zusammenarbeit.

Falls du deine bisherige Arbeit nicht weiter ausüben kannst oder willst, kannst du dir auch eine andere suchen, die dir Freude macht und Sozialkontakte mit sich bringt, zum Beispiel im Verkauf.

Ich kenne beispielsweise eine fast 90-Jährige, die als Kartenabreißerin im Kino jobbt, eine 70-Jährige, die einen Minijob als Museumsführerin hat, und einen Hausarzt Mitte 70, der noch in Teilzeit in einer Arztpraxis angestellt ist. Alle drei sind bei den Besuchern beziehungsweise Patienten sehr beliebt, weil sie eine positive Ausstrahlung haben und den Menschen zugewandt sind. Alle drei lieben ihre Arbeit und empfinden sie als Bereicherung für ihr Leben.

Das Schöne am freiwilligen (Weiter-)Arbeiten im Ruhestand ist auch, dass du es nicht musst. Es gibt keinen Druck und du brauchst dir keinen Stress zu machen oder machen zu lassen. Du tust einfach so viel, wie du möchtest.

Mein Ansatz geht aber noch darüber hinaus: Du hast dir ein umfassendes Wissen angeeignet. Das kannst du dank der neuen digitalen Möglichkeiten heute leichter denn je neu vermarkten und damit in der Selbstständigkeit mehr erreichen als nur einen kleinen Nebenverdienst.

Selbstständigkeit: Vermarkte dein umfassendes Wissen neu

Wenn du bisher noch nicht selbstständig warst, hast du vermutlich noch nicht darüber nachgedacht, ein Business zu gründen. Andererseits liegt eine Selbstständigkeit oft näher, als es auf den ersten Blick scheint. Und das Internet bietet dir heute Werbe- und Absatzmöglichkeiten, von denen man früher nur träumen konnte. Das habe ich selbst erlebt und ich lege es auch dir ans Herz.

Meine eigene Erfahrung: Wenn etwas wegbricht, tun sich neue Chancen auf

Ich begleite Menschen nun schon seit vielen Jahren auf ihrem Weg zur finanziellen Freiheit – habe Bücher geschrieben, Vorträge gehalten, Podiumsdiskussionen geleitet und Menschen persönlich beraten. Als während der Coronapandemie plötzlich alle Veranstaltungen abgesagt wurden, brach diese Einnahmequelle von einem Tag auf den anderen weg. Kein Publikum, keine Bühne, kein Honorar.

So kam ich eher unfreiwillig, aber mit wachsender Neugier ins Online-Business. Mein Einstieg: Clubhouse. Vielleicht erinnerst du dich: Das war die Audio-App, bei der man sich wie in einer Radiosendung live austauschen konnte. Ich sprach dort über Börse, Geldanlage und finanzielle Unabhängigkeit. Und zum ersten Mal spürte ich, was es bedeutet, meine Erfahrung in der digitalen Welt einzusetzen – direkt und ungefiltert. Das Echo war riesig und erfreulich positiv.

Während meine Kinder mir von Instagram dringend abrieten („Du kannst dich eh nicht richtig schminken!"), erlebte ich auf Clubhouse das genaue Gegenteil: Die Menschen freuten sich, dass ich da war. Sie sahen mein Profil, wussten, wer ich bin, und sagten: „Wie toll, dass du dein Wissen hier mit uns teilst. Endlich erklärt uns jemand das Thema Geldanlage verständlich."

Als der Hype um Clubhouse langsam abebbte, habe ich das Format weiterentwickelt. Inzwischen habe ich meine Aktivitäten auf YouTube verlagert. Dort treffe ich heute ein Publikum, das früher Fernsehen geschaut hat und sich jetzt lieber online informiert. Auf meinem Kanal „Money Talk" spreche ich mit Gästen, die ich seit vielen Jahren kenne – aus alten Börsensendungen, aus dem Fernsehen, aus der Finanzwelt. Jetzt kommen sie zu mir, in diese legere Gesprächsrunde, in der wir offen und fundiert über Geld sprechen.

Das Besondere: Diese Gespräche sind tiefgehend, persönlich und randvoll mit Tipps, die sonst selten so offen ausgesprochen werden.

So habe ich meine Leidenschaft, Menschen beim Vermögensaufbau zu unterstützen, auf ein neues Level gehoben. Und ich verdiene heute mit meiner Expertise in der digitalen Welt gutes Geld.

Mein Fazit
Mit etwas Erfahrung, einer klaren Botschaft und der Bereitschaft, Neues zu lernen, kann das jede und jeder schaffen.

Nutze die Chancen der digitalen Welt

Für die meisten ist das Arbeitseinkommen über viele Jahrzehnte die wichtigste Einnahmequelle. Wir tauschen Zeit gegen Geld, zahlen brav in die Rentenkasse ein und hoffen, dass es später einmal reicht – das klassische Modell, altbewährt, aber nicht unbedingt alternativlos.

Denn die Art, wie wir heute Geld verdienen können, hat sich grundlegend verändert. Die digitale Welt hat die Türen weit aufgestoßen: Wer Erfahrung hat – und davon gibt es in der zweiten Lebenshälfte meist mehr als genug –, kann daraus echtes Einkommen machen. Nicht im klassischen Nine-to-five-Bürojob, sondern auf eigene Faust, mit einem eigenen Projekt, einem Beratungsangebot oder einem Online-Business. Dank Vernetzung in den Social Media erreichst du nicht nur die Menschen in deinem unmittelbaren räumlichen Umfeld.

Die Zeiten, in denen Erfahrung ab einem gewissen Alter nur noch nostalgisch belächelt wurde, sind vorbei. Heute gilt: Je mehr du weißt, je tiefer deine Expertise, desto wertvoller bist du. Und mit den richtigen digitalen Werkzeugen – ja, auch die künstliche Intelligenz gehört dazu – lässt sich dieses Wissen zu Geld machen. Du kannst es teilen, verkaufen, in ein Produkt verwandeln.

Ein Leben lang hast du dir Wissen angeeignet, beruflich, privat, manchmal auch ganz nebenbei. Vielleicht kannst du hervorragend mit

Tieren umgehen, vielleicht bringst du Menschen das Schach- oder Gitarrespielen bei oder hast ein Talent, das du selbst lange unterschätzt hast. Noch nie war es so einfach wie heute, aus Erfahrung Kapital zu schlagen. Das Internet bietet unzählige Möglichkeiten, mit dem eigenen Know-how etwas auf die Beine zu stellen, sei es als zweites Standbein oder als Leidenschaftsprojekt. Du kannst dein Wissen in Wert verwandeln. Und vielleicht bietet das die Grundlage für dein ganz persönliches „Strandhaus".

Überleg dir, was du kannst oder weißt

Sag jetzt bitte nicht, dir fällt nichts ein. Es sind nämlich die unterschiedlichsten Erfahrungen, die zur Grundlage deiner Selbstständigkeit werden können, ob sie nun aus deiner beruflichen Erfahrung resultieren, wie bei mir Aktien und Geldanlage, oder aus einem Hobby oder aus dem, was du vielleicht auch schon an Schicksalsschlägen erlebt hast. Ein paar Beispiele gefällig? Bitte sehr:

Gesundheit und Wohlbefinden

- Du hast dich jahrelang mit gesunder Ernährung beschäftigt? Warum nicht andere Menschen beraten, die aus dem Diät-Dschungel rauswollen?

- Du hast Yoga oder Qigong nicht nur ausprobiert, sondern richtig verinnerlicht? Das lässt sich lehren – live oder online.

- Du kennst dich mit Burn-out aus, nicht aus Büchern, sondern weil du persönliche Erfahrungen damit hast? Deine Geschichte kann anderen Mut machen.

- Du bist versiert im Thema Schmerzbekämpfung, etwa durch bestimmte Entspannungstechniken oder Bewegungstherapie? Lass andere teilhaben an deinem Wissen.

Handwerk und Gestalten

- Du kannst eine Bohrmaschine bedienen, ohne dreimal zu fluchen? Du weißt ganz genau, welche Tricks beim Streichen oder Parkettverlegen das beste Ergebnis bringen? Dann könntest du Heimwerker-Workshops für Einsteiger geben – offline oder per Video.

- Du bist eine Koryphäe im Restaurieren alter Möbel? Zeig anderen, wie man aus Sperrmüll Lieblingsstücke macht.

- Du nähst, töpferst oder gestaltest Schnitzarbeiten, die alle bewundern? Vielleicht steckt darin mehr als nur ein Hobby.

Pädagogik und Schulwissen

- Du kannst gut erklären und beherrschst ein Fach, mit dem viele Schüler Probleme haben? Warum nicht auf selbstständiger Basis Nachhilfe geben (etwa in Mathe, Chemie oder Englisch)?

Tiere und Natur

- Du weißt, wie man einen schwierigen Hund liebevoll erzieht? Andere verzweifeln an genau solchen Fällen.

- Du bist passionierter Gärtner mit Erfahrung in Permakultur oder Stadtbalkon-Bepflanzung? Da draußen warten viele schwarze Daumen auf deine Hilfe.

- Du hast ein Händchen für Pferde oder Katzen? Auch hier suchen Menschen Rat – online und persönlich.

Umgang mit Menschen

- Du kannst Konflikte schlichten, weil du selbst gelernt hast, ruhig zu bleiben, wo andere aus der Haut fahren? Dein Weg zur Gelassenheit könnte auch anderen helfen.

- Du weißt, wie man pubertierende Jugendliche nicht nur aushält, sondern erreicht? Viele Eltern wären dir ewig dankbar.

- Du warst Pflegekraft oder hast Angehörige betreut? Dein Wissen über bürokratische Hürden, emotionale Herausforderungen und praktische Tipps ist Gold wert.

Umgang mit dem Leben selbst

- Du hast eine Krankheit überstanden, einen Neuanfang gewagt, eine große Veränderung gemeistert? Menschen hören gern auf jemanden, der das nicht nur gelesen, sondern gelebt hat.

Mein Fazit
Wer also sagt: „Ich würde ja gern investieren, aber mir fehlt das Geld", dem antworte ich: Dann fang an. Gründe ein Business. Starte nebenbei etwas Eigenes. Probiere dich aus. Es muss kein Millionenunternehmen werden, nur ein Zusatzeinkommen, das dir Spaß macht, dich fordert und gleichzeitig den Vermögensaufbau unterstützt. Das ist für viele besser machbar, als sie glauben.

Wie loslegen? Ein Businessplan erleichtert dir den Start

Falls du es angehen willst, dann werde möglichst schnell konkret, statt dich in Träumereien zu verlieren. Erstelle einen Businessplan. Das ist kein bürokratisches Monster, sondern dein persönlicher Kompass. Er zwingt dich, die richtigen Fragen zu stellen, und liefert die Antworten, mit denen du Investoren überzeugst, Kunden erreichst und vor allem auf Kurs bleibst. Also: Ran an den Plan! Und zwar mit Köpfchen. Für die folgenden Fragen solltest du dir möglichst konkrete Antworten überlegen:

Deine Geschäftsidee: Was bietest du an?

Was genau ist das Herzstück deines Unternehmens? Ein Produkt, das es so noch nicht gibt? Eine Dienstleistung, die endlich mal hält, was andere nur versprechen? Bring es auf den Punkt, ohne Marketing-Blabla, ohne Schönfärberei, sondern so klar, dass es jeder und jedem unmittelbar einleuchtet. Idealerweise findest du eine Nische, ein Alleinstellungsmerkmal, irgendetwas, was andere so nicht bieten.

Zielgruppe: An wen richtet sich dein Angebot?
„Alle“ ist keine Zielgruppe. Wer sind deine Wunschkundinnen oder -kunden? Wie ticken sie? Was treibt sie um? Mit welchen Problemen schlagen sie sich herum? Welche Wünsche hegen sie offen oder insgeheim? Je besser du sie kennst, desto präziser kannst du sie ansprechen und desto größer die Chance, dass sie bei dir kaufen statt bei der Konkurrenz.

Problem und Lösung: Welches Problem löst du?
Gute Ideen sind meist Problemlöser. Was raubt deiner Zielgruppe den Schlaf und wie sorgst du für ruhige Nächte? Wenn du das klar benennen kannst, bist du auf dem richtigen Weg. Denn niemand braucht einfach nur „noch ein Produkt“.

Dein Angebot: Was genau verkaufst du?
Hier wird es konkret. Welche Dienstleistungen oder Produkte bietest du an? Gibt es verschiedene Preismodelle? Pakete? Zusatzleistungen? Sag, was du verkaufst und zu welchem Preis. Das ist die Basis für alle weiteren Schritte.

Dein Marketing: Wie erreichst du deine Kunden?
Bist du auf Facebook, Instagram oder TikTok unterwegs, auf LinkedIn oder YouTube? Oder klopfst du lieber klassisch an Türen? Machst du Werbung, setzt du auf Empfehlungen oder lässt du deine Website für dich sprechen? Entscheidend ist: Du brauchst einen Plan, wie du für deine Zielgruppe sichtbar wirst und von ihr gefunden werden kannst.

Einnahmen und Kosten: Was brauchst du in finanzieller Hinsicht?
Was brauchst du zum Start? Laptop, Lager, Laden? Welches Startkapital benötigst du? Und wie viel musst du monatlich einnehmen, damit sich das Ganze lohnt – nicht nur ideell, sondern auch finanziell? Wer hier keine Klarheit hat, läuft Gefahr, Geld zu verbrennen statt zu verdienen.

Dein persönliches Warum: Warum machst du das?
Geld allein ist selten genug. Was treibt dich wirklich an? Freiheit? Kreativität? Der Wunsch, etwas Sinnvolles zu tun? Dein Warum gibt dir Kraft, gerade dann, wenn es mal nicht rundläuft.

Deine nächsten Schritte: Was tust du heute, was planst du morgen?
Was sind deine ersten konkreten Handlungen? Vielleicht ein Gespräch mit potenziellen Kunden? Ein Prototyp? Deine Website? Fang an. Jetzt.

Auch wenn es noch so klein sein mag, der Business-Start bringt viele organisatorische Aufgaben mit sich. Damit du nichts Wichtiges vergisst, nutze meine Checkliste.

Checkliste: Was beim Business-Start wichtig ist	
Phase 1: Vorbereitung/Businessplan	
1. Kläre deine Geschäftsidee: Womit und auf welche Weise willst du Geld verdienen?	☐
2. Lege deine Zielgruppe fest.	☐
3. Definiere dein Produkt oder deine Dienstleistung.	☐
4. Mache eine Wettbewerbsanalyse und kläre, wodurch du dich von deinen Konkurrenten abheben kannst. Idealerweise findest du ein Alleinstellungsmerkmal (etwas, was nur du bietest).	☐
5. Ermittle das nötige Startbudget und kläre, wie du deinen Finanzbedarf deckst.	☐
6. Falls Fremdkapital (z. B. Bankkredite) nötig ist, erstelle einen offiziellen Businessplan für die Bank.	☐
Phase 2: Klärung rechtlicher, steuerlicher und finanzieller Angelegenheiten	
7. Lege die Rechtsform deines Unternehmens fest (z. B. Einzelunternehmen, KG, UG, GmbH).	☐
8. Melde dein Unternehmen beim Finanzamt an. Falls es sich um ein Gewerbe handelt (und nicht um eine freiberufliche Tätigkeit), ist auch eine Anmeldung bei deiner Stadt oder Gemeinde nötig.	☐
9. Eröffne ein Geschäftskonto.	☐
10. Prüfe deinen Versicherungsbedarf (z. B. Krankenversicherung, betriebliche Haftpflicht) und schließe die entsprechenden Policen ab.	☐
Phase 3: Start in die Selbstständigkeit	
11. Erstelle deine Website. Vergiss dabei auch die rechtlichen Vorgaben nicht wie Impressum und Datenschutzerklärung.	☐
12. Richte deine Social-Media-Kanäle ein.	☐
13. Erstelle Vorlagen für Angebote und Rechnungen.	☐
14. Kümmere dich um eine adäquate Buchhaltung – entweder durch Nutzung geeigneter Software oder durch Fremdvergabe an einen Buchhaltungsservice.	☐
15. Plane deine Marketing- und Werbemaßnahmen.	☐
16. Starte mit der gezielten Kundenakquise und der Abarbeitung der ersten Kundenaufträge / Bestellungen.	☐

Was du bei Unternehmensgründung sonst noch beachten solltest

Gewerblich oder freiberuflich – diese Unterscheidung ist mehr als bloße Bürokratie, sie entscheidet über Steuerpflichten, Buchführung und vieles mehr. Als Freiberufler giltst du, wenn du in einem sogenannten „Katalogberuf" arbeitest, etwa als Arzt, Architektin, Steuerberater, Journalistin oder Coach. Aber auch als Künstlerin oder Musiker bist du Freiberuflerin beziehungsweise Freiberufler. Typisch ist dabei: Du arbeitest eigenverantwortlich, schöpfst aus deiner persönlichen Qualifikation und brauchst in der Regel kein nennenswertes Betriebsvermögen.

Anders bei einer gewerblichen Tätigkeit: Wer Waren verkauft, handwerklich tätig ist oder etwa einen Onlineshop betreibt, gilt als Gewerbetreibender und muss ein Gewerbe anmelden, Gewerbesteuer zahlen und unterliegt strengeren Buchführungspflichten. Auch die Tätigkeit als Influencer wird in der Regel als gewerblich eingestuft. Kurz gesagt: Freiberuflich ist der Kopf, gewerblich die Kasse ... und manchmal ist es ein schmaler Grat dazwischen.

Wenn du gewerblich tätig bist, musst du ein Gewerbe anmelden und deine Einkünfte aus dem Gewerbebetrieb in der Steuererklärung angeben. Das bedeutet ein bisschen Aufwand, aber nicht sehr viel, denn die Gewerbesteuerpflicht greift erst an einem Gewinn von mehr als 24.500 Euro im Jahr und 25.000 Euro Vorjahresumsatz.

Anders sieht es aus bei freiberuflichen Tätigkeiten. Sie sind nicht gewerbesteuerpflichtig, du brauchst also unabhängig von Umsatz und Gewinn kein Gewerbe anzumelden (in der Einkommensteuererklärung musst du deine Einkünfte aber angeben).

Was ist mit Steuer und Sozialversicherung? Wenn du dich noch vor Rentenantritt selbstständig machst, muss du dich darum kümmern, damit du durch die Gründung nicht aus allen sozialen Sicherungssystemen herausfällst.

Im Ruhestand hingegen ist ein Hinzuverdienst aus selbstständiger Tätigkeit in aller Regel unproblematisch: Du erhältst in jedem Fall die volle dir zustehende Rente, egal wie viel du angestellt oder selbstständig hinzuverdienst. Du musst nur das zusätzliche Einkommen in deiner Steuererklärung angeben.

Renten- und Arbeitslosenversicherungsbeiträge musst du in der Rente logischerweise nicht zahlen. Bei der Kranken- und Pflegeversicherung kommt es darauf an: Wenn du gesetzlich pflichtversichert warst und deine Erwerbstätigkeit in der Rente als „nebenberuflich" eingestuft wird, zahlst du auf das Einkommen daraus Beiträge zur Krankenversicherung der Rentner (KVdR).

Wird deine Erwerbstätigkeit dagegen als „hauptberuflich" eingestuft, fällst du aus der Pflichtversicherung heraus und musst dich freiwillig gesetzlich oder privat krankenversichern. Diese Einstufung erfolgt bei Selbstständigen beispielsweise dann automatisch, wenn du einen Mitarbeiter einstellst.

Das wird auf jeden Fall teurer, als wenn du pflichtversichert als Arbeitnehmer in der Krankenkasse bleibst, was du dann darfst, wenn deine Festanstellung immer noch dein Hauptberuf ist und du dein Unternehmen nur im Nebenerwerb hast. Als Rentner ist es ebenfalls günstiger, in der KVdR zu bleiben. Freiwillig gesetzlich Versicherte müssen nämlich den Beitrag zur Pflegeversicherung voll aus eigener Tasche übernehmen und zudem auf alle Einkommensarten (auch aus Lebensversicherungen, Betriebsrenten und Mieteinnahmen) Krankenversicherungsbeiträge zahlen. Und eine Privatversicherung im Rentenalter neu abzuschließen ist selbst dann sehr teuer, wenn du kerngesund bist. Du solltest dich sozialversicherungsrechtlich beraten lassen, wenn dein Business richtig wächst.

Die „Nebenberuflichkeit" hängt nicht nur an Mitarbeitern, sondern auch an der Wochenstundenzahl und der Verdiensthöhe: Wenn du mehr als 20 Wochenstunden erwerbstätig bist und mehr als 1.872,50 Euro (Stand 2025) im Monat verdienst, gilt die Beschäftigung als hauptberuflich. Diese Grenzen solltest du im Kopf haben und deine Tätigkeit entsprechend steuern.

Ein besonderes Augenmerk verdient noch das Thema Umsatzsteuer, auch wenn dieses Thema nicht gleich bei Gründung relevant ist. Üblicherweise muss jemand, der selbstständig ist, auf all seine Produkte oder Dienstleistungen die Umsatzsteuer aufschlagen, den Kunden also 19 Prozent (bei manchen Leistungen auch sieben Prozent) mehr in Rechnung stellen als den Nettopreis. Allerdings greift seit dem 1. Januar 2025 die sogenannte Kleinunternehmerregelung erst bei vergleichsweise hohen Umsätzen: Nur wenn dein Vorjahresumsatz 25.000 Euro und der geschätzte Umsatz des laufenden Kalenderjahrs 100.000 Euro übersteigt, bist du wirklich umsatzsteuerpflichtig. Existenzgründer bleiben von der Umsatzsteuer verschont, wenn sie im ersten (laufenden) Geschäftsjahr nicht mehr als 25.000 Euro Umsatz machen. Behalte das Thema Umsatzsteuer aber im Auge, damit du nicht in eine Steuerfalle tappst.

Steuerfreie Hinzuverdienste dank Übungsleiter- und Ehrenamtspauschale

Auch abseits von Selbstständigkeit und digitaler Welt gibt es viele Möglichkeiten, ein Zusatzeinkommen zu erwirtschaften. Das ist sogar im Ehrenamt möglich. Die entsprechenden Einkünfte mögen vergleichsweise gering sein, doch weil der Staat sie steuerfrei stellt, bleibt unterm Strich doch gar nicht so wenig übrig. Zwei Freibeträge sind besonders interessant:

- **Übungsleiterpauschale:** Wer als Übungsleiterin, Trainer, Chorleiterin oder in der Altenbetreuung tätig ist, also pädagogisch, anleitend oder pflegend, kann bis zu 3.000 Euro im Jahr steuerfrei einnehmen. Die Übungsleiterpauschale lohnt sich nicht nur finanziell, sondern oft auch menschlich.

- **Ehrenamtspauschale:** Und wer sich ehrenamtlich einbringt, ohne dabei direkt zu unterrichten, anzuleiten oder zu pflegen, etwa beim Rasenmähen auf dem Sportplatz, durch Hausmeistertätigkeiten im

Vereinsheim oder beim Freischneiden der Wanderwege, kann zusätzlich bis zu 840 Euro im Jahr steuerfrei einstreichen. Das ist eine charmante Art, Danke zu sagen.

Welche Tätigkeiten kommen infrage? Vermutlich mehr, als dir auf Anhieb einfallen. Hier sind ein paar mehr oder weniger originelle Ideen, was man mit seiner Zeit alles machen und dabei steuerfreie Hinzuverdienste erzielen kann: Trainer im Sportverein, Yogalehrerin, Chorleiter, Prüferin bei der IHK, Referent bei einer Bildungseinrichtung, Organisatorin von Veranstaltungen, Mediator im sozialen Bereich oder Rettungssanitäterin, Notfallseelsorger …

Mein Fazit
Wenn du schon Vermögen aufgebaut hast, spielen sicherlich Dividenden, Zinsen und Mieteinnahmen mit steigendem Alter eine immer wichtigere Rolle. Doch Arbeit, neu gedacht, die du mit Freude und Selbstbestimmung angehst, kann auch künftig ein stabiler, sinnstiftender und lukrativer Teil deiner finanziellen Freiheit sein.

TEIL IV

Nicht aufschieben, sondern abhaken: Sorge für den Notfall vor und regle deinen Nachlass

Es gibt Dinge, die man gern vor sich herschiebt. Dabei fühlt es sich richtig gut an, sie endlich abzuhaken. Wer vorsorgt, schafft Klarheit: für sich selbst und für die Menschen, die einem wichtig sind. Ob Vorsorgevollmacht, Betreuungsverfügung oder Testament – das klingt nach komplexen Themen, ist aber ein Akt der Selbstbestimmung. Und ist der erste Schritt getan, ist es leichter, als du denkst.

KAPITEL 9

Vorsorgevollmacht, Betreuungsverfügung und Co: Wappne dich für den Notfall

Niemand denkt gern darüber nach, wie es wäre, plötzlich nicht mehr selbst entscheiden zu können. Krankheit, Unfall, ein medizinischer Notfall: Das sind Dinge, die man sich nicht ausmalen möchte. Und doch gehören sie zum Leben dazu. Wer die Augen davor verschließt, überlässt wichtige Entscheidungen im Ernstfall anderen: dem Gericht, überlasteten Behörden oder sogar Menschen, die dich kaum kennen.

Vorsorge zu treffen heißt nicht, schwarzzumalen. Es heißt, Verantwortung zu übernehmen. Für dich selbst. Für deine Familie. Für den Fall, dass das Leben nicht nach Plan läuft. Eine Vorsorgevollmacht, eine Betreuungsverfügung oder auch eine Patientenverfügung geben dir die Sicherheit, dass im Notfall jemand da ist, der in deinem Sinne handeln kann – rechtlich abgesichert, ohne Umwege, ohne Zweifel.

Ich gebe zu: Es kostet Überwindung, sich mit solchen Themen zu beschäftigen. Der innere Schweinehund ist groß, das Thema scheint trocken, unbequem oder weit weg. Doch wer sich einmal aufrafft, hat es geschafft – und zwar ein für alle Mal. Danach ist da dieses gute Gefühl. Die Gewissheit, dass alles geregelt ist. Dass du Klarheit geschaffen hast – nicht nur für dich, sondern auch für die Menschen, die dir am Herzen liegen.

Vorsorgevollmacht und Co gehören deshalb unbedingt zu meinem Money-Positivity-Plan dazu, denn Vorsorge ist kein Zeichen von Angst. Im Gegenteil: Sie ist ein Akt der Selbstbestimmung. Ein leiser, aber kraftvoller Ausdruck von Fürsorge – für dich selbst, aber auch für deine Liebsten.

Wenn das Leben plötzlich dazwischenfunkt

Ich bin nicht der Mensch, der sich gern in den düstersten Farben ausmalt, was alles passieren könnte. Meine Lebenseinstellung ist positiv, sonst würde ich dieses Buch nicht schreiben. Das heißt aber nicht, dass ich nicht auch realistisch wäre. Dazu gehört, die Augen nicht zu verschließen vor unerwarteten Situationen, die zwar nicht eintreten müssen, aber eintreten können. Hier ein paar Beispiele:

- **Plötzlicher Krankenhausaufenthalt:** Sabine, 58, stürzt beim Wandern und muss operiert werden. Sie ist mehrere Tage nicht ansprechbar. Ihr Sohn möchte mit dem Arzt sprechen und eine Reha organisieren – doch ohne Vorsorgevollmacht darf er nichts entscheiden, nicht einmal erfahren, was genau los ist.

- **Vergesslichkeit und Verwirrung:** Thomas merkt, dass sein 81-jähriger Vater langsam den Überblick verliert: Rechnungen bleiben liegen, er schließt fragwürdige Verträge ab. Dank der Vorsorgevollmacht kann Thomas rechtzeitig eingreifen – und das Vermögen seines Vaters schützen.

- **Business läuft, aber die Chefin fällt aus:** Claudia führt ein gut laufendes Beratungsunternehmen. Ein Skiunfall legt sie für Wochen lahm. Weil sie vorgesorgt hat, kann ihr Bruder mit einer Vorsorgevollmacht Verträge unterschreiben und Zahlungen abwickeln. Das Geschäft bleibt stabil.

- **Weltreise – und plötzlich ein Notfall:** Anne und Markus erfüllen sich ihren Traum: drei Monate Südamerika. In Peru bekommt Markus eine Hirnhautentzündung und fällt ins Koma. Weil Anne eine Vorsorgevollmacht hat, kann sie sich um medizinische Entscheidungen und um die Finanzen kümmern.

- **Alleinstehend, aber nicht alleingelassen:** Peter, 72, lebt allein, hat keine Kinder. Er hat seiner langjährigen Freundin eine Vorsorgevollmacht erteilt. So weiß er: Wenn etwas passiert, kümmert sich jemand, der ihn kennt, und das Gericht muss keinen wildfremden Menschen zum Betreuer bestimmen.

Welche Vorsorgedokumente du brauchst

Hand aufs Herz: Weißt du, was der Unterschied zwischen einer Vorsorgevollmacht, einer Betreuungsverfügung und einer Patientenverfügung ist? Wer sich noch nicht damit befasst hat, für den ist das juristisches Kauderwelsch. Bringen wir Licht ins Dunkel. Hier findest du eine kleine Übersicht, welche Vollmachten es gibt, was sie können und warum jede davon ein kleiner Schutzschirm für Notfälle ist.

Vorsorgevollmacht: Umfassende Vertretung ohne externe Kontrolle

Wer soll mit deinen Ärzten sprechen? Wer darf Geld überweisen, deine Miete zahlen, Anträge stellen, deine Interessen vertreten? Mit einer Vorsorgevollmacht bestimmst *du*, wer im Ernstfall für dich handeln darf – ohne dass das zuständige Betreuungsgericht eingeschaltet werden muss. Du kannst die Vorsorgevollmacht sehr weit fassen oder nur auf einzelne Lebensbereiche beschränken – zum Beispiel nur auf Gesundheit oder Finanzen. Die beauftragte Person kann dann selbstständig handeln, ohne gegenüber jemandem Rechenschaft ablegen zu müssen. Deshalb solltest du hier nur Menschen einsetzen, denen du absolut vertraust: deinen Partner oder deine Partnerin, die Kinder, enge Freunde. Du kannst auch mehreren Personen eine Vollmacht erteilen – idealerweise aber so, dass jede für sich dich nach außen vertreten darf. Dann kann je nach Situation diejenige aktiv werden, die gerade verfügbar ist. Was du in der Vorsorgevollmacht konkret regeln und welche Stolperfallen du vermeiden solltest, dazu kommen wir in Kürze.

Wichtig zu wissen

Wenn eine Vorsorgevollmacht vorliegt, gibt es keine gerichtliche Kontrolle. Das Betreuungsgericht hat dann kein Mitspracherecht bei den Entscheidungen der Person, die du bevollmächtigt hast. Deshalb solltest du stets nur Personen bevollmächtigen, die dein volles Vertrauen genießen. Falls du *keine* Vorsorgevollmacht erstellt hast – oder sie bestimmte Dinge nicht abdeckt –, springt das Betreuungsgericht ein. Und das entscheidet dann, wer dich als sogenannter rechtlicher Betreuer vertreten darf. Ein rechtlicher Betreuer muss gegenüber dem Gericht stets Rechenschaft ablegen; das ist der Unterschied zur bevollmächtigten Person einer Vorsorgevollmacht. Wer dein Betreuer sein soll oder nicht? Auch das kannst du regeln – mit einer Betreuungsverfügung.

Betreuungsverfügung: Vertreter ist rechenschaftspflichtig

Die Betreuungsverfügung ist der Plan B für den Fall, dass du keine Vorsorgevollmacht erteilt hast. In der Betreuungsverfügung bestimmst du, wer als gesetzlicher Betreuer eingesetzt werden soll (oder wer auf keinen Fall). Der Unterschied: Der Betreuer wird vom Gericht bestellt und unterliegt dessen Kontrolle. Er darf nur handeln, wenn du bestimmte Dinge nachweislich nicht mehr selbst regeln kannst – das wird per Gutachten festgestellt. Ein Betreuer muss seine Entscheidungen rechtfertigen, zum Beispiel wenn er mehr als 3.000 Euro vom Konto abheben will oder wenn es um Vermögensfragen geht. Einmal im Jahr legt er dem Gericht eine Übersicht deiner Finanzen vor – samt Belegen für Ausgaben, die er in deinem Sinne getätigt hat. Wann ist eine Betreuungsverfügung sinnvoll? Wenn du keine Vertrauensperson hast, die du mit einer Vollmacht ausstatten willst. Wenn du mitreden willst, wer dich betreut – *falls* es einmal so weit kommt. Wenn du sichergehen willst, dass bestimmte Personen diese Rolle *nicht* übernehmen dürfen. Auch dazu erhältst du in diesem Kapitel die wichtigsten Infos.

Patientenverfügung: Gesundheitliche Festlegungen

Die moderne Medizin kann viel, manchmal vielleicht zu viel. Wenn du nicht willst, dass Maschinen dich künstlich am Leben halten, obwohl keine Aussicht auf Besserung besteht, brauchst du eine Patientenverfügung. Auch deshalb, weil dein Ehepartner oder deine Ehepartnerin gemäß dem seit 2023 geltenden Notvertretungsrecht maximal ein halbes Jahr lang medizinische Entscheidungen in eingeschränktem Umfang treffen darf, danach jedoch nicht mehr. In einer Patientenverfügung legst du fest, welche medizinischen Maßnahmen du wünschst – und welche du ausschließt. Das ist kein „Sterbezettel", sondern eine Handlungsanleitung für Ärzte, Pflegende und Angehörige. Es ist übrigens auch eine riesige psychischer Entlastung für alle Angehörigen, die sonst schnell mit Entscheidungen überfordert sind, wenn es um

Leben und Tod geht. Ohne Patientenverfügung sind allen Beteiligten die Hände gebunden – aus rechtlichen Gründen. Mit einer Patientenverfügung zählt dein Wille. Näher gehe ich hier nicht darauf ein; das würde den Rahmen sprengen. Du musst aber wissen: Eine Patientenverfügung gilt nur, wenn du eine Person mit der Durchsetzung bevollmächtigst. Idealerweise kombinierst du sie also mit einer Vorsorgevollmacht, um sicherzugehen, dass deine Wünsche auch berücksichtigt werden.

Bankvollmacht: Eine sinnvolle Ergänzung

In der Theorie reicht eine Vorsorgevollmacht, um auch Bankgeschäfte zu regeln. In der Praxis gibt es aber oft Ärger, wenn jemand (nur) mit Vorsorgevollmacht bei der Bank erscheint und Zugriff auf ein Konto oder Depot verlangt, das ihm nicht gehört. Viele Banken pochen auf ihr eigenes Formular und ohne das passiert nichts, auch wenn die Rechtsprechung längst entschieden hat, dass zumindest eine notarielle Vorsorgevollmacht auch den Zugriff auf Bankkonten und -depots erlaubt, wenn dies darin festgelegt ist.

Deshalb mein Tipp: Ergänze deine Vorsorgevollmacht unbedingt um eine separate Bankvollmacht oder doch wenigstens um eine Konto- oder Depotvollmacht. So stellst du sicher, dass deine Vertrauensperson im Notfall auch wirklich Zugriff auf dein Geld und gegebenenfalls deine Wertpapiere hat, ohne dass es zu Diskussionen am Bankschalter kommt. Was du darüber wissen musst, verrate ich dir am Schluss dieses Kapitels.

Wichtig

Du kannst deine Vollmachten und Verfügungen jederzeit widerrufen. Voraussetzung ist lediglich die Geschäftsfähigkeit (bei Demenz geht das nicht mehr). Ansonsten gilt: Solange diese Dokumente gelten, hast du die Sicherheit, dass jemand im Ernstfall für dich handeln und entscheiden kann, solltest du jemals nicht dazu in der Lage sein.

Was brauchst du nun? In der folgenden Tabelle findest du die Infos über die einzelnen Vorsorgedokumente noch einmal übersichtlich zusammengefasst.

Welche Dokumente der Notfallvorsorge dienen

Dokument	**Was du darüber wissen solltest**
Vorsorgevollmacht	Gibt der bevollmächtigten Person umfassende Vertretungsrechte. Beschränkung auf bestimmte Bereiche ist möglich, aber meist nicht sinnvoll. Vollmachtnehmer muss keine Rechenschaft gegenüber dem Betreuungsgericht ablegen.
Betreuungsverfügung	Als Alternative zur Vorsorgevollmacht empfehlenswert, wenn keine Vertrauensperson existiert. Darin lässt sich festlegen, wer gerichtlich zum Betreuer bestimmt werden soll bzw. wer nicht. Der rechtliche Betreuer muss gegenüber dem zuständigen Gericht Rechenschaft ablegen, vor allem über die getätigten Ausgaben. Verfügungen über größere Summen aus deinem Vermögen müssen gerichtlich genehmigt werden.
Patientenverfügung	Dokument, das deine Wünsche in Sachen Gesundheit festhält: Diagnose, Behandlung, Schmerzbekämpfung. Nur wirksam, wenn zugleich eine Person bevollmächtigt ist, die Patientenverfügung für dich durchzusetzen.
Bankvollmacht	Zusätzlich zur Vorsorgevollmacht sinnvoll. Verschafft dem Vollmachtnehmer Zugriff auf Konten und/oder Depots des Vollmachtgebers.

Vorsorgevollmacht im Detail: Was du regeln solltest

Du hast mindestens einen Menschen in deinem Leben, dem du blind vertraust? Dann ist die Vorsorgevollmacht genau dein Instrument, um für den Fall der Fälle vorzusorgen – also dann, wenn du selbst einmal nicht mehr in der Lage bist, dich um deine Angelegenheiten zu kümmern.

Mit einer Vorsorgevollmacht überträgst du einer oder mehreren Personen deines Vertrauens das Recht, an deiner Stelle Entscheidungen zu treffen – und zwar genau da, wo es im Alltag wirklich zählt:

- **Gesundheit:** Wer darf mit Ärztinnen und Ärzten sprechen, Behandlungen zustimmen oder ablehnen und, falls vorhanden, dafür sorgen, dass die Wünsche in deiner Patientenverfügung berücksichtigt werden?

- **Behörden und Ämter:** Wer regelt Papierkram, beantragt Pflegegeld oder reicht Formulare ein?

- **Vermögen:** Wer darf deine Konten verwalten, Rechnungen begleichen, Verträge prüfen?

- **Aufenthalt und Unterbringung:** Wer entscheidet, ob du zu Hause bleiben kannst – oder ob eine Pflegeeinrichtung nötig ist?

Das Beste daran: Du bestimmst nicht nur, *wer* für dich handeln darf, sondern auch *wofür genau*. Du kannst die Vollmacht umfassend gestalten und deine genauen Wünsche benennen. Auch kannst du sie gezielt auf bestimmte Lebensbereiche eingrenzen, ganz wie du willst.

Die genauen Inhalte der Vorsorgevollmacht

Was du im Einzelnen regeln kannst – und was du nicht vergessen solltest –, findest du in der folgenden Checkliste.

Checkliste: Was du in der Vorsorgevollmacht regeln kannst und solltest	
Bevollmächtigte Person	
Wer soll für dich handeln dürfen? Trage den Namen, die Adresse und am besten auch das Geburtsdatum der Person ein, der du die Vollmacht erteilen willst. Nur so ist sichergestellt, dass es später keine Verwechslungen gibt. Du kannst selbstverständlich auch mehrere Personen benennen – etwa für unterschiedliche Lebensbereiche.	☐
Gesundheitsvorsorge und Pflege	
Soll die bevollmächtigte Person medizinischen Maßnahmen zustimmen oder sie ablehnen dürfen – auch dann, wenn es um schwerwiegende Eingriffe geht?	☐
Darf sie eine ambulante oder stationäre Pflege organisieren und die passende Einrichtung auswählen?	☐
Soll sie deine Patientenverfügung durchsetzen? Ohne eine entsprechende Erlaubnis in der Vorsorgevollmacht darf sie das nicht.	☐
Darf sie Auskunft vom Arzt einholen und Einsicht in deine Krankenunterlagen nehmen – und diese bei Bedarf auch an andere (z. B. Pflegekräfte oder Spezialisten) weitergeben?	☐
Darf sie Maßnahmen anordnen, die mit Freiheitsbeschränkungen verbunden sind – etwa eine geschlossene Unterbringung oder ein Bettgitter? Diese Entscheidungen unterliegen in der Praxis strengen gesetzlichen Hürden. Auch mit Vollmacht muss das Gericht eingeschaltet werden.	☐
Aufenthalt und Wohnungsangelegenheiten	
Darf die bevollmächtigte Person deinen Wohnsitz festlegen?	☐
Darf sie deine bisherige Wohnung kündigen und deinen Haushalt auflösen?	☐
Ist sie berechtigt, Mietverträge abzuschließen – etwa für eine neue, barrierefreie Wohnung oder ein Pflegeheim?	☐
Behörden und Sozialversicherungen	
Soll die bevollmächtigte Person Anträge stellen können – etwa bei Renten- oder Krankenversicherung, Pflegekasse oder Sozialamt? Beispiele: Antrag auf Pflegegrad-Einstufung, Reha-Maßnahme, Erwerbsminderungsrente?	☐
Vermögensangelegenheiten	
Darf die bevollmächtigte Person dein Vermögen verwalten, Zahlungen leisten und Verträge abschließen?	☐
Darf sie über dein Konto oder Depot verfügen – auch gegenüber deiner Bank? (Achtung: Dafür ist eine notarielle Beurkundung der Vorsorgevollmacht nötig, oder – noch besser – eine Bankvollmacht.)	☐

Checkliste: Was du in der Vorsorgevollmacht regeln kannst und solltest	
In welchem Umfang darf sie in deinem Namen Schenkungen vornehmen? Eine Beschränkung auf Gelegenheitsgeschenke zu den üblichen Anlässen (Geburtstag, Taufe, Firmung/Konfirmation, Weihnachten etc.) und passend zu deinen Lebensverhältnissen kann sinnvoll sein (Definition gemäß § 1854 BGB Nr. 8).	☐
Darf sie dein Haus oder deine Wohnung verkaufen? (Dies kannst du nur in einer notariell beurkundeten Vorsorgevollmacht festlegen, sonst scheitert der Verkauf in der Praxis.)	☐
Post und elektronische Kommunikation	
Darf die bevollmächtigte Person deine Post empfangen, lesen und bearbeiten?	☐
Darf sie für dich auch E-Mails oder andere elektronische Nachrichten entgegennehmen, lesen und bearbeiten?	☐
Darf sie im Zusammenhang damit Verträge abschließen oder kündigen oder sonstige Willenserklärungen abgeben?	☐
Vertretung vor Gericht	
Darf die bevollmächtigte Person dich vor Gericht vertreten und Prozesshandlungen aller Art vornehmen?	☐
Untervollmacht	
Darf die bevollmächtigte Person Untervollmachten erteilen? Sinnvoll kann das sein, wenn du nur eine Vertrauensperson bevollmächtigt hast. Bei mehreren (zum Beispiel dein Ehepartner/deine Ehepartnerin und die Kinder zusammen) ist das nicht so wichtig.	☐
Gegebenenfalls ergänzende Betreuungsverfügung	
Bestimme in einer Betreuungsverfügung, wen das Gericht einsetzen bzw. was gelten soll, falls deine Vorsorgevollmacht irgendwann einmal nicht ausreichen sollte. So erteilst du dem zuständigen Gericht klare Vorgaben, wie es in deinem Sinne handeln soll.	☐
Geltungsdauer	
Sinnvoll ist es in vielen Fällen, eine Geltungsdauer über den Tod hinaus festzulegen.	☐

Vollmacht unter mehreren Personen aufteilen? Besser nicht!

Rein theoretisch könntest du die Vorsorgevollmacht aufteilen: Deine Frau erhält die Vollmacht für das Vermögen und den Umgang mit

Behörden, dein Sohn ist für gesundheitliche Entscheidungen zuständig und deine Tochter kümmert sich um die Frage, wo du bei Pflegebedürftigkeit oder einer Behinderung wohnen wirst. Auf den ersten Blick wirkt diese Lösung ausgewogen und gerecht. In der Praxis führt eine solche Aufteilung jedoch schnell zu Problemen.

Die verschiedenen Lebensbereiche – Gesundheit, Behörden und Ämter, Vermögen, Aufenthalt – lassen sich im Alltag nicht sauber voneinander trennen. Wer sich beispielsweise um deine Gesundheit kümmert, muss unter Umständen einen Rollstuhl organisieren. Die Beantragung bei der Kranken- oder Pflegeversicherung gehört jedoch zum Vermögensbereich, da es dabei um finanzielle Leistungen geht. Wenn dafür eine andere Person zuständig ist, fehlt die nötige Handlungsvollmacht und die Abläufe stocken.

Auch bei der Frage, auf welches Konto die Pflegekasse das Pflegegeld überweist, geht es nicht mehr um Gesundheit, sondern um Vermögensangelegenheiten. Und die Entscheidung, wo du im Pflegefall wohnst, hängt ganz wesentlich davon ab, wer die Kosten übernimmt. Ohne Klärung der Finanzierung, zum Beispiel durch das Sozialamt, kann niemand eine sinnvolle Entscheidung über die Unterbringung treffen.

Aus diesen Gründen ist es nicht ratsam, die Vollmacht auf mehrere Personen mit getrennten Zuständigkeiten aufzuteilen. Am besten benennst du mindestens eine Person deines Vertrauens, die umfassend handeln darf. Mehrere Personen, die jeweils einzeln für sich handeln dürfen, sind ebenfalls denkbar, auch wenn das bedeutet, viel Verantwortung in eine Hand zu legen. Im Ernstfall ist das aber der deutlich effektivere Weg.

Übrigens kannst du festlegen, was passiert, wenn sich die Bevollmächtigten nicht einig sind. Du kannst etwa Vorkehrungen treffen, dass diese Personen sich abstimmen müssen und dass das Mehrheitsvotum zählt. Du kannst auch bestimmen, welche Rangfolge bei der Frage gilt, wer das letzte Wort hat. All das lässt sich problemlos regeln.

Ebenfalls nicht ratsam: Das Vieraugenprinzip
Wer in seine Vorsorgevollmacht das Vieraugenprinzip einbaut, schießt übers Ziel hinaus. Denn sobald mehrere Personen nur gemeinsam entscheiden dürfen, wird es kompliziert und damit nicht mehr praktikabel. Wenn jede Maßnahme erst einstimmig beschlossen werden muss, kann sich im Ernstfall alles verzögern. Bedenke stets: Das ist gerade dann hinderlich, wenn es auf schnelles Handeln ankommt.

Beispiel: Ramona R. geht es plötzlich schlecht – sie müsste dringend in ein Pflegeheim. Zwei ihrer Söhne wollen sich kümmern, ihre Schwester tourt allerdings gerade durch Südamerika und ist nicht erreichbar. Leider haben die drei Kinder nur gemeinsam eine Vollmacht. Weil das Betreuungsgericht aufgrund mehrerer Feiertage gerade nicht erreichbar ist, passiert erst einmal nichts. Das zeigt, warum das Einstimmigkeitsprinzip in der Praxis oft zum Problem wird.

Selbst erstellt ist nicht immer wirksam: Wann es ohne Notar nicht geht

„Wir haben bestens vorgesorgt", erklärte mir vor einiger Zeit ein Ehepaar, nachdem sich herausgestellt hatte, dass der Mann ernsthaft erkrankt war. Er war allerdings schon über 80. Die beiden fühlten sich rechtlich und finanziell gut aufgestellt, auch für den Fall, dass er längere Zeit im Krankenhaus verbringen müsste und keine Entscheidungen mehr treffen könnte. Ein kurzer Blick in die Unterlagen zeigte allerdings: Ganz so gut abgesichert waren sie dann doch nicht. Eine Vorsorgevollmacht war zwar vorhanden, aber sie war selbst formuliert und nicht notariell beurkundet. Und genau das kann im Ernstfall zum Stolperstein werden.

Zweifellos gilt: Mit einer **selbst aufgesetzten Vorsorgevollmacht** kommt man in vielen Lebenslagen schon recht weit. Die bevollmächtigte Person – in unserem Beispiel die Ehefrau – darf damit eine ganze Reihe von Dingen in die Hand nehmen … aber eben nicht alles.

Wo du eine gute Vorlage findest
Auf der Internetseite des Bundesjustizministeriums findest du Infos und Vorlagen zur Vorsorgevollmacht (und auch zur Betreuungs- und Patientenverfügung):

- Gehe auf www.bmjv.de
- Klicken oben im Menü auf „Service".
- Wähle die Schaltfläche „Formulare und Muster".
- Bei „Vorsorgevollmacht / Betreuungsverfügung" bist du richtig. Wenn du zusätzlich noch eine Patientenverfügung erstellen willst, ist auch das Feld „Textbausteine zur Patientenverfügung" hilfreich.

Wann du zum Notar gehen solltest: Sobald es um Immobilien oder Anteile an Unternehmen (außer Aktien) geht, braucht es den Notar. Auch größere Schenkungen lassen sich ohne notariell beurkundete Vollmacht nicht wirksam regeln. Und wer glaubt, die Bank werde im Ernstfall schon ein Auge zudrücken, irrt: Viele Kreditinstitute akzeptieren eine privat erstellte Vollmacht nicht – zumindest nicht, wenn es um Kontozugriff oder Depotverfügungen geht.

In diesen Fällen führt kein Weg an einer notariell beurkundeten General- und Vorsorgevollmacht vorbei. Die wird von Banken und Behörden anerkannt – und eröffnet auch den Zugang zum Grundbuch, zu Immobilien, Firmenanteilen, Konten und allem, was rechtlich ein bisschen mehr Gewicht hat. Es reicht übrigens nicht, eine Vollmacht beglaubigen zu lassen (eine Beglaubigung bestätigt nur, dass du das Dokument persönlich unterschrieben hast), nötig ist eine notarielle Beurkundung.

Der Notar bestätigt nicht nur, dass du es wirklich bist, der die Vollmacht veranlasst. Er hält zugleich fest, dass du geschäftsfähig bist, was bedeutet: Du handelst aus eigenem Willen und nicht etwa unter dem Druck einer anderen Person und du bist auch geistig dazu in der Lage. Das hat einen hohen Beweiswert, etwa wenn jemand später versuchen würde, die Gültigkeit der Vollmacht anzuzweifeln (etwa wegen beginnender Demenz).

Was kostet der Notar?
Die Notarkosten fallen einmalig an, richten sich nach deinem Vermögen und sind gesetzlich in der Kostenordnung (KostO) geregelt. Ein paar grobe Richtwerte (Vorsorgevollmacht und Patientenverfügung, inklusive Mehrwertsteuer und Pauschalen für Kopierkosten, Post und Telefon):

- Bei 200.000 € Vermögen: etwa 420 €.
- Bei 500.000 €: rund 725 €.
- Bei 1 Mio. €: rund 1.410 €.
- Bei sehr großen Vermögen: nicht mehr als rund 2.400 €.

Übrigens kannst du dich auch inhaltlich beraten lassen, viele Notare bieten das an oder schalten extra dafür entsprechende Fachanwälte ein. Das verursacht keine Mehrkosten. Mit einer notariellen Beurkundung deiner Vorsorgedokumente hast du aber alles Wichtige wasserdicht geregelt.

Zentrales Vorsorgeregister: Damit deine Vollmacht auffindbar ist

Ob selbst erstellt oder notariell beurkundet: In jedem Fall ist es sinnvoll, deine Vorsorgevollmacht (gegebenenfalls mitsamt der Patientenverfügung) im Zentralen Vorsorgeregister der Bundesnotarkammer eintragen zu lassen (www.vorsorgeregister.de). Das kannst du wahlweise selbst erledigen oder dem Notar überlassen. So können das zuständige Betreuungsgericht und die behandelnden Ärzte schnell prüfen, ob du vorgesorgt hast – und welche Person(en) du im Ernstfall bevollmächtigt hast.

Die Eintragung deiner Vorsorgedokumente geht ganz einfach online, das ist schnell, bequem und kostengünstig. Du musst dich dafür nur online registrieren. Alternativ ist es auch per Post möglich, es ist nur mit etwas höheren Kosten verbunden.

Die Gebühren fallen einmalig an und liegen grob zwischen 20 und 30 Euro – etwas mehr …

- bei Beantragung per Post,
- bei Zahlung per Überweisung (statt per Lastschrift) und

- für jede Person, die du zusätzlich bevollmächtigst.

Bei Änderungen oder Ergänzungen wird erneut eine Zahlung fällig.

Falls ein Notar deine Vorsorgevollmacht (und gegebenenfalls Patientenverfügung) beurkundet hat, wird er sich üblicherweise um die Eintragung kümmern. Das spart Zeit und die Eintragungskosten sind dann auch etwas günstiger.

Betreuungsverfügung im Detail: Was du darin regeln kannst und solltest

Es kommt öfter vor, als man denkt: Ein Mensch möchte für den Ernstfall vorsorgen, hat aber niemanden, dem er so sehr vertraut, dass er ihm alle Entscheidungen überlassen möchte. Auch wenn es enge Angehörige gibt – manchmal spricht einfach zu viel dagegen, eine Vorsorgevollmacht zu erteilen.

Praxisbeispiel

Thomas und Vanessa M. würden ihrer Tochter eigentlich gern eine Vollmacht ausstellen. Doch sie steht stark unter dem Einfluss ihres Ehemannes, der auf sie keinen guten Eindruck macht: geldgierig, verschwenderisch, mit sehr klaren Vorstellungen davon, wie er am liebsten über das künftige Erbe verfügen würde. Das Ehepaar M. befürchtet, dass der Schwiegersohn ihrer Tochter bei den nötigen Entscheidungen hineinredet. Mit einer Vorsorgevollmacht hätte sie freie Hand, aber es wäre den M.s nicht recht, wenn der Schwiegersohn mitbeeinflussen würde, etwa in welches Pflegeheim die beiden kommen – ob komfortabel oder günstig. Oder ob Medikamente und Hilfsmittel angeschafft werden, die nicht von der Krankenkasse übernommen werden, aber den Alltag erleichtern.

In einem solchen Fall ist eine Betreuungsverfügung die bessere Lösung, denn ein gerichtlich bestellter Betreuer muss dem zuständigen Betreuungsgericht Rechenschaft über seine Entscheidungen ablegen

– vor allem über diejenigen, die die Verwendung deines Geldes angehen.

Konkret: Der Zugriff auf dein Konto ist nur begrenzt möglich. Im Nachhinein wird überprüft, ob die Ausgaben wirklich in deinem Sinne und zu deinem Wohle waren. Mit einer Betreuungsverfügung bestimmst du außerdem, wer für dich als gesetzlicher Betreuer infrage kommt – und wer nicht. Das Dokument besteht im Wesentlichen aus folgenden Bausteinen:

- Du benennst die Person, die du dir als Betreuer wünschst.
- Du schlägst eine Ersatzperson vor, falls die erste Wahl nicht übernehmen kann.
- Du schließt Personen aus, denen du nicht vertraust und die du keinesfalls als Betreuer willst.
- Du formulierst Wünsche – etwa zu deiner Lebensweise, zur Pflege oder zum Wohnort.

Du musst nicht alle vier Punkte regeln – auch einzelne Festlegungen sind möglich. Bei den Wünschen kannst du dich an dem orientieren, was du in der Checkliste zur Vorsorgevollmacht findest.

Nutze auch hier kostenlose Vorlagen
Auch dafür findest du eine Vorlage auf der Internetseite des Bundesjustizministeriums (www.bmjv.de → Service → Formulare und Muster → Vorsorgevollmacht / Betreuungsverfügung).

KAPITEL 10

Testament: Vermögen übertragen und Werte bewahren

Jetzt schon ans Erbe denken? „Das ist doch viel zu früh", denkst du jetzt vielleicht. „Ich lebe ja hoffentlich noch ein paar Jährchen!" Natürlich, dessen bin ich mir bewusst. Keineswegs will ich dir einreden, das Lebensende wäre nahe, im Gegenteil: Die besten Jahre kommen noch.

Ich gebe zu: Es ist nicht leicht, sich mitten im Leben mit dem eigenen Tod zu befassen. Wer will sich schon mit der Frage beschäftigen, was kommt, wenn man selbst nicht mehr auf dieser Erde weilt?

Sieh es aber positiv: Wenn du diese Dinge regelst, hast du sie abgehakt und bist eine große Sorge los. Jetzt hast du außerdem den Kopf frei, stehst nicht unter Druck, kannst klare Entscheidungen treffen – und damit anderen später eine große Last abnehmen. Ein klug formuliertes Testament oder ein Erbvertrag ist mehr als ein Stück Papier. Es ist ein Akt der Fürsorge. Du bestimmst, wer was bekommt. Du schützt dein Vermögen vor unnötigem Streit, vor steuerlichen Fallstricken und vor einer ungünstigen Verteilung, die durchaus passieren kann, wenn statt deines Letzten Willens die gesetzliche Erbfolge greift. Kurz: Du sorgst dafür, dass dein Wille zählt – und nicht die Standardlösung des Staates.

Mach deinen Nachlass zu etwas, was zu dir passt. Gestalte seine Verteilung: klug, warmherzig, klar durchdacht und mit einem guten Gefühl.

Ein Beispiel, was ohne Nachlassregelung schiefgehen kann

Eines sei gleich zu Anfang gesagt: Es gibt gesetzliche Regelungen zur Erbfolge, also dazu, wer erbt, wenn ein Mensch keine Nachlassregelung getroffen hat. Diese Regelungen sind nicht dumm, aber sie passen eben nicht zu jeder individuellen Situation. Und in manchen Fällen kann es ohne Testament oder Erbvertrag richtig blöd laufen. Dazu ein Beispiel aus meinem Bekanntenkreis:

Es geht um ein unverheiratetes Paar. Beatrix war an die 60 Jahre alt, Albrecht um die 65 (die Namen habe ich geändert). Kinder hatten sie keine, weder gemeinsame noch welche aus früheren Beziehungen. Sie wohnten in einem Haus auf dem Land, hübsch gelegen und mit einem großen Garten drumherum. Das kam ihnen sehr entgegen, auch weil viel Platz für ihre beiden Golden Retriever war. Das Haus gehörte ihm, er war als alleiniger Eigentümer im Grundbuch eingetragen. Zu seinen Lebzeiten war das kein Problem, schließlich konnte er frei bestimmen, wer mit ihm in besagtem Haus wohnte. Das änderte sich allerdings, als er eines Nachts an einem Schlaganfall starb.

Denn es gab kein Testament und folglich trat die gesetzliche Erbregelung in Kraft. Und die sieht leider nicht vor, dass die nicht eheliche Lebensgefährtin auch nur die geringsten Ansprüche auf den Nachlass hat. Was passierte?

Kurze Zeit nach seinem plötzlichen Ableben meldeten sich Albrechts Eltern bei Beatrix. Sie verlangten das Haus und sein gesamtes Vermögen.

Rechtlich durften sie das auch, denn laut Gesetz waren sie die Erben und nicht Beatrix. Es zählte nicht, dass Albrecht zu Lebzeiten kaum noch Kontakt zu seinen Eltern hatte, weil das Verhältnis längst zerrüttet war. Es zählte auch nicht, dass sie ihn immer schon vernachlässigt hatten und er sich über ihre Kaltherzigkeit mehr als nur einmal geärgert hatte. Was zählte, waren allein die Erbfolgeregelungen laut Bürgerlichem Gesetzbuch. Und diese begünstigen – neben dem Ehepartner oder eingetragenen gleichgeschlechtlichen Lebenspartner – ausschließlich die eigene Verwandtschaft, bevorzugt in gerader Linie. Das Ende vom Lied: Beatrix musste ausziehen und sich mit den beiden Hunden eine neue Bleibe suchen.

„Aber ich bin doch verheiratet", wirst du vielleicht jetzt einwenden. „Mir kann also nichts passieren!" Wirklich nicht? Das solltest du lieber abklären, denn als unehelicher beziehungsweise nicht eingetragener Lebenspartner nicht zum Kreis der Erben zu zählen, ist nicht das einzige Problem, das auftreten kann, wenn das Gesetz die Erbfolge regelt. Lass uns im Folgenden genauer unter die Lupe nehmen, welche gängigen Irrtümer zur gesetzlichen Erbfolge kursieren und wie sie in Wahrheit aussieht.

Fünf fatale Irrtümer rund ums Erbe

Bis zu 400 Milliarden Euro werden Jahr für Jahr in Deutschland vererbt, eine kaum vorstellbare Summe. Umso erstaunlicher ist es, wie viele Menschen sich kaum Gedanken darüber machen, wer ihren Nachlass bekommen soll. Viele verlassen sich darauf, dass das Gesetz das schon irgendwie richtig regelt. Tut es aber nicht immer – zumindest nicht in deinem Sinne.

Und genau deshalb lohnt sich der Blick auf die größten Irrtümer rund ums Erben. Denn wer hier danebenliegt, riskiert Streit, Steuernachteile oder eine Verteilung des Vermögens, die so nie gewollt war.

Irrtum 1: Ohne Testament erbt der Ehepartner alles

Diese Annahme ist weitverbreitet – und schlicht falsch. Ohne Testament erben neben dem Ehepartner auch die Kinder, und zwar in der Regel je zur Hälfte. „In der Regel" heißt hier: wenn kein Ehevertrag vorliegt und der gesetzliche Güterstand der Zugewinngemeinschaft vorliegt. Das zu erklären führt an dieser Stelle zu weit. Du musst aber wissen, dass mit dem Tod das ganze Vermögen nicht automatisch an den Ehepartner übergeht. Üblicherweise erben noch andere mit. Richtig tückisch wird es ohne Nachfolgeregelung, falls du keine Kinder hast. Und damit sind wir schon beim nächsten fatalen Irrtum angekommen.

Irrtum 2: Laut Gesetz erben Eltern oder Geschwister nichts

Das gilt nur unter einer Voraussetzung: wenn du direkte Nachfahren hast, also Kinder, Enkel und oder Urenkel. Wenn du aber kinderlos bist, kommen ohne eine persönliche Nachlassregelung unweigerlich deine Eltern zum Zug. Zwar erhält, falls du verheiratet bis oder einen eingetragenen gleichgeschlechtlichen Lebenspartner hast, dieser Mensch laut gesetzlicher Erbfolge den größten Batzen, aber eben nicht alles. Und das Schlimmste ist: Als Miterben können die Eltern über das Erbe mitbestimmen. Nichts geht ohne ihre Zustimmung.

Sollten die Eltern nicht mehr leben, dann erben ihre Nachkommen. Das sind deine Geschwister oder, wenn diese auch nicht mehr am Leben sind, deren Kinder, sprich deine Nichten und Neffen. Das kann schnell ausgesprochen unübersichtlich werden und es für deinen Ehe- oder eingetragenen Lebenspartner fast unmöglich machen, vernünftig mit dem Nachlass umzugehen. Schon um ein solches Entscheidungschaos zu vermeiden, braucht es eine klare Nachlassregelung.

Irrtum 3: Eheliche Kinder werden bevorzugt

Nein, das Erbrecht macht da keine Unterschiede. Egal ob ehelich oder nicht, aus erster oder zweiter Ehe – alle leiblichen und adoptierten

Kinder erben gleichermaßen und sie erben stets auch zu gleichen Anteilen. Nur Stiefkinder bleiben laut gesetzlicher Erbfolge unberücksichtigt. Auch hier gilt: Wenn du sie bedenken möchtest, musst du das ausdrücklich ins Testament schreiben.

Irrtum 4: Der Trauschein spielt keine Rolle

Doch, und wie! Wer ohne Trauschein lebt, steht im Erbrecht ziemlich schlecht da: Ohne Testament erbt dein Partner oder deine Partnerin gar nichts. Nur die eingetragene gleichgeschlechtliche Lebenspartnerschaft bildet da eine Ausnahme. Sie ist erbrechtlich der Ehe gleichgestellt.

Der Trauschein oder offizielle Eintrag als gleichgeschlechtliche Lebenspartnerschaft ist aber auch in anderer Hinsicht wichtig: wegen der Erbschaftsteuer. Während Ehepartner 500.000 Euro steuerfrei erben können, liegt der Freibetrag für den Lebenspartner ohne Trauschein beziehungsweise Eintragung bei mageren 20.000 Euro. Die Steuersätze oberhalb des Freibetrags sind weitaus höher. Und zudem gibt es keine Möglichkeit für Unverheiratete, das gemeinsam bewohnte Eigenheim steuerfrei zu erben.

Irrtum 5: Bei den engsten Angehörigen ist die Erbschaftsteuer gering

Auch diese Annahme kann ins Auge gehen. Zwar stimmt es grundsätzlich: Die engsten Angehörigen haben die höchsten erbschaftsteuerlichen Freibeträge, was heißt, dass bei ihnen am meisten von der Erbschaftsteuer verschont bleibt. Die Steuersätze sind bei ihnen auch am niedrigsten. Laut Gesetz zählt aber nur ein sehr kleiner Kreis zu den steuerbegünstigten Personen:

- Ehepartner oder eingetragene gleichgeschlechtliche Lebenspartner (Freibetrag 500.000 Euro, Steuersatz mindestens sieben Prozent, je nach Nachlasswert)

- die Verwandten in gerader Linie, sprich Kinder (Freibetrag 400.000 Euro), Enkel (Freibetrag 200.000 Euro), Urenkel (Freibetrag 100.000 Euro), aber auch Eltern (Freibetrag 100.000 Euro).

Du magst ein noch so gutes Verhältnis zu deinen Geschwistern haben: Sie können nur einen erbschaftsteuerlichen Freibetrag von 20.000 Euro pro Person in Anspruch nehmen und der Steuersatz liegt bei mindestens 15 Prozent, je nach Nachlasswert ist es auch mehr.

Es kann also viel bringen, die Verteilung des Erbes mit einem Testament zu regeln. Vielleicht lässt du dein Vermögen auch schon im Vorfeld über Schenkungen den Personen zukommen, die du bedenken willst. Immerhin lassen sich die Freibeträge alle zehn Jahre aufs Neue nutzen.

Mein Rat
Verlass dich nicht auf Hörensagen und schon gar nicht auf die Regelungen im Bürgerlichen Gesetzbuch zur Erbfolge und diejenigen im Erbschaft- und Schenkungsteuergesetz zur Besteuerung von Nachlässen. Die Wahrscheinlichkeit ist gegeben, dass sie nicht zu deiner individuellen Situation passen. Informiere dich, was wirklich gilt, und entscheide dann, ob du ein Testament oder eine andere Form der Nachlassregelung (zum Beispiel einen Erbvertrag) brauchst. Die wichtigsten Informationen darüber findest du auf den nächsten Seiten.

Brauchst du eine Nachlassregelung?

„Du musst unbedingt ein Testament machen!" – dieser Satz wird gern geäußert: von der Bankberaterin, dem Steuerberater, der Cousine dritten Grades oder dem befreundeten Notar bei einem Glas Riesling. Falls dir dabei kurz die Luft wegbleibt und du denkst: „Mist, das muss ich dringend regeln!", dann keine Panik. Übers Knie brechen musst du gar nichts.

Du weißt aber inzwischen, dass es Fallen gibt, die durchaus gravierende Folgen haben können. Und diese Fallen treten vor allem dann auf, wenn du den Nachlass nicht regelst. Diese Fallen schnappen aber nicht bei jedem zu, der kein Testament macht. Schau dir also in Ruhe die gesetzlichen Regeln an und prüfe, ob sie für deine Situation gut passen oder nicht. Falls ja, ist keine Nachlassregelung nötig, falls nicht, dann empfiehlt sie sich doch. Vor allem zwei Fragen spielen dabei eine Rolle:

- **Wer erbt, wenn du kein Testament machst?** Dann gilt die gesetzliche Erbfolge laut dem Bürgerlichen Gesetzbuch (BGB).

- **Wie viel vom Nachlass holt sich der Staat in Form von Erbschaftsteuer?** Das richtet sich nach den Vorschriften des Erbschaft- und Schenkungsteuergesetzes (ErbStG).

Lies dir die folgenden Erläuterungen zu beiden Fragen in Ruhe durch. Und anschließend triffst du eine fundierte Entscheidung – nicht aus schlechtem Gewissen, sondern weil du dann weißt, was Sache ist.

Gesetzliche Erbfolge: Wer erbt, wenn du kein Testament machst?

Es kann durchaus sein, dass die gesetzliche Erbfolge genau das regelt, was du sowieso im Sinn hattest. Bevor du also den Notar deines Vertrauens bemühst oder den Füller für ein handschriftliches Testament zückst, lohnt sich ein Blick auf die Spielregeln, die das Bürgerliche Gesetzbuch vorgibt. Maßgeblich dafür sind § 1922 und folgende.

Wer ist gesetzlich erbberechtigt?

Grundsätzlich teilen sich der Ehepartner oder eingetragene Lebenspartner und die Verwandten des Verstorbenen den Nachlass. Wer genau wie viel bekommt, hängt von mehreren Faktoren ab:

- vom Familienstand,

- vom Verwandtschaftsgrad,

- von eventuellen Vereinbarungen im Ehevertrag und
- davon, wer noch lebt.

Fangen wir mit dem Standardfall an: Eine verheiratete Person stirbt. Der Ehepartner bekommt in der Regel die Hälfte des Vermögens. Das gilt jedenfalls dann, wenn es keinen Ehevertrag gibt.

Die andere Hälfte geht an die Kinder – zu gleichen Teilen. Egal ob ehelich, unehelich oder adoptiert, egal ob aus der aktuellen Beziehung oder aus einer früheren: Sie alle sind gleichgestellt. Stiefkinder dagegen gehen leer aus, sofern sie nicht adoptiert wurden. Wenn ein Kind nicht mehr lebt, aber selbst Nachwuchs hatte, treten dessen Kinder an seine Stelle.

Was passiert aber, wenn keine Nachkommen da sind? Dann greift ein Erbsystem nach Ordnungen im Sinne von Abstammungslinien:

- **Erste Ordnung:** Die direkten Nachkommen des Erblassers, also Kinder, Enkel, Urenkel.
- **Zweite Ordnung:** Die Eltern des Erblassers und deren direkte Nachkommen, also auch Geschwister, Neffen und Nichten des Erblassers.
- **Dritte Ordnung:** Die Großeltern des Erblassers und deren direkte Nachkommen, also auch Onkel, Tanten, Cousins und Cousinen.
- **Vierte Ordnung:** Die Urgroßeltern des Erblassers und ... Den Rest kannst du dir denken.

Wichtigste Regel: Es erbt immer nur die niedrigste Ordnung, in der überhaupt noch jemand lebt. Gibt es also Kinder, gehen die Geschwister leer aus. Gibt es keine Kinder, aber noch Geschwister, kommen diese zum Zug. Und wie sieht das in der Praxis aus? Hier einige Beispiele:

Beispiel 1: Alleinerziehende Frau mit Kindern. Andrea P. ist verwitwet und hinterlässt drei Kinder. Die Sache ist klar: Jedes Kind bekommt ein Drittel des Nachlasses.

Beispiel 2: Verheiratet, Kinder vorhanden. Heiko L. stirbt und hinterlässt seine Ehefrau und vier Kinder. Ergebnis: Die Ehefrau bekommt 50 Prozent des Nachlasses. Die anderen 50 Prozent werden durch vier geteilt – jedes Kind erhält ein Achtel.

Beispiel 3: Witwerin, ein Kind lebt noch, das andere nicht mehr. Erika M. hatte zwei Töchter. Eine lebt noch – Jana –, die andere – Birgit – ist verstorben. Beide Töchter haben drei Kinder. Jana bekommt 50 Prozent des Nachlasses, ihre Kinder gehen leer aus. Birgits Anteil von 50 Prozent geht hingegen zu gleichen Teilen an ihre drei Kinder. Jedes Enkelkind dieser Stammlinie erhält also ein Sechstel.

Beispiel 4: Verheiratet, ein Kind lebt noch, das andere nicht mehr. Würde im vorigen Beispiel Erikas Mann bei ihrem Tod noch leben, würde er 50 Prozent erhalten. Jana bekäme dann 25 Prozent, Birgits drei Kinder zusammen die anderen 25 Prozent – pro Nase ein Drittel davon, also 8,33 Prozent.

Beispiel 5: Unverheiratet, keine Kinder, Eltern verstorben. Julius H. stirbt alleinstehend. Er hat keine Kinder und seine Eltern leben längst nicht mehr. Dann erben seine beiden Schwestern den ganzen Nachlass – jeweils zur Hälfte.

Beispiel 6: Unverheiratet, keine Kinder, die Eltern leben noch. Joachim H. stirbt. Kinder oder Enkel hat er nicht. Aber weil seine Eltern noch leben, erben sie den gesamten Nachlass.

Beispiel 7: Unverheiratet, keine Kinder, ein Teil der Geschwister verstorben. Leonie K. stirbt, sie war alleinstehend. Ihre Eltern leben nicht mehr. Sie hatte drei Geschwister: Thomas und Beate leben noch, ihre Schwester Alma ist verstorben, hinterließ aber zwei Söhne. Jetzt wird der Nachlass gedrittelt: Ein Drittel geht an Thomas, ein Drittel an Beate und das verbleibende Drittel teilen sich Almas zwei Söhne.

Wenn die gesetzliche Erbfolge greift, hat das potenziell unliebsame Folgen

Du ahnst es vielleicht schon anhand der Beispiele im vorigen Abschnitt: Das Ergebnis der gesetzlichen Erbfolge muss dir nicht unbedingt gefallen. Konkret lauern folgende Gefahren:

Es erben Menschen, die du gar nicht bedenken willst

Die größte Überraschung erleben Ehepaare: Viele glauben, der überlebende Partner würde automatisch alles erben. Leider ist das falsch gedacht. Die gesetzliche Erbfolge kennt kein romantisches „Wir teilen uns alles". Sie berücksichtigt grundsätzlich den Nachwuchs des Erblassers oder alternativ seine Eltern oder Geschwister. Konkret:

- Gibt es Kinder, Enkel oder Urenkel (Erben erster Ordnung), bekommen sie gemeinsam die Hälfte des Nachlasses. Der Ehepartner muss sich mit den übrigen 50 Prozent zufriedengeben.

- Gibt es keine Kinder, rücken Eltern, Geschwister, Nichten und Neffen nach (Erben zweiter Ordnung). Dann bekommt der Ehepartner 75 Prozent, der Rest geht an diese Personen.

Menschen, die dir am Herzen liegen, gehen leer aus

Ohne Testament schließt du viele Menschen automatisch aus, selbst wenn du sie längst zur Familie zählst. Dazu gehören:

- dein Lebenspartner oder deine Lebenspartnerin, falls ihr nicht verheiratet oder offiziell als gleichgeschlechtliche Lebenspartnerschaft eingetragen seid

- Stiefkinder, wenn du sie nicht offiziell adoptiert hast

- deine Enkel, solange deren Eltern (also deine Kinder) noch leben

- Freunde, Nachbarn, Pflegepersonen – kurzum: all jene, die für dich da, aber eben nicht mit dir verwandt sind

- Wenn du willst, dass diese Menschen etwas von deinem Nachlass bekommen, musst du das ausdrücklich per Testament regeln.

Die gesetzliche Aufteilung passt nicht zu deiner Lebensrealität
Du hast drei Kinder, aber nur eines hält den regelmäßigen Kontakt zu dir, kümmert sich um Alltagsdinge, kommt mit den Enkeln am Sonntag zum Kuchen vorbei, macht Ausflüge mit dir und hat deinen WLAN-Router schon dreimal wieder in Gang gebracht. Leider berücksichtigt das Erbrecht dies nicht: Alle Kinder erben gleich viel, ob sie sich um dich gekümmert haben oder nicht.

Die Verteilung nach Quoten berücksichtigt keine Vorlieben
Die gesetzliche Erbfolge rechnet in Anteilen – nicht in Schmuckstücken, Oldtimern oder Musikinstrumenten. Wenn du also möchtest, dass dein Sohn das Gartenhäuschen bekommt, deine Tochter den Flügel und dein Patenkind die Münzsammlung, brauchst du eine individuelle Regelung. Ansonsten wird alles in Euro umgerechnet und das Häuschen landet womöglich beim falschen Nachlassempfänger.

Die gesetzliche Erbfolge ist ein stures Konstrukt. Wenn du willst, dass dein Nachlass so aufgeteilt wird, wie du es für richtig hältst, kannst du nicht darauf vertrauen, dass der Gesetzgeber deinen Willen errät. Ein Testament ist kein Hexenwerk, aber es kann viel Ärger ersparen.

Mein Rat: Schau dir deine persönliche Situation in Ruhe an
Wenn du dir die gesetzliche Erbfolge in Ruhe anschaust und feststellst: „Passt für mich", dann brauchst du möglicherweise gar kein Testament. Wenn du allerdings nur bei einem einzigen Punkt ein schlechtes Gefühl hast, dann wird es Zeit, das Thema Nachlassregelung aktiv anzugehen. Sonst gilt, was das Gesetz sagt. Die endgültige Entscheidung solltest du aber nicht treffen, bevor du dich nicht auch mit dem Thema Erbschaftsteuer beschäftigt hast.

Erbschaftsteuer: Wie viel vom Nachlass holt sich der Staat?

Ob du ein Testament brauchst, hängt nicht nur davon ab, wer erben soll, sondern auch davon, wie viel vom Nachlass der Staat haben will, also ob und wie stark der Nachlass mit Erbschaftsteuer belegt wird.

Grundsätzlich gilt: Je enger die Beziehung zwischen dir und der Erbin oder dem Erben, desto gnädiger ist der Fiskus. Ehepartner, Kinder, Eltern – sie kommen steuerlich oft glimpflich davon. Manche Erbschaften sind sogar komplett steuerfrei. Aber was heißt „eng verbunden"? Und wie läuft das mit der Erbschaftsteuer? Zwei Dinge sind entscheidend:

- der persönliche Freibetrag
- die Steuerklasse.

Der persönliche Freibetrag

Der erbschaftsteuerliche Freibetrag ist der Betrag, den eine Person steuerfrei bekommen kann, wenn sie aus deinem Nachlass bedacht wird. Er liegt zwischen 20.000 und 500.000 Euro. Erst was darüber hinausgeht, muss ein Nachlassempfänger versteuern. Die Höhe hängt vom Verwandtschaftsgrad beziehungsweise vom vorhandenen Trauschein ab.

Wie hoch die Freibeträge sind, zeigt dir die folgende Tabelle. Darin siehst du auch, welche Personen in welche Steuerklasse eingeordnet werden – die Erläuterungen dazu findest du im nächsten Absatz.

Bestandsaufnahme Vermögenswerte und Schulden

Nachlassempfänger	Freibetrag	Steuerklasse
Ehepartner, eingetragener gleichgeschlechtlicher Lebenspartner	500.000 €*	I
Kinder, Adoptivkinder und Stiefkinder	400.000 €	I
Enkel	200.000 €	I
Eltern, Großeltern, Urgroßeltern	100.000 €	I
Geschwister, Neffen und Nichten ersten Grades, Stiefeltern, Schwiegerkinder, Schwiegereltern, geschiedene Ehepartner	20.000 €	II
Sonstige Empfänger (auch Lebenspartner ohne Trauschein)	20.000 €	III

* *Steuerfrei kann mehr bleiben durch den sogenannten Zugewinnausgleich. Das habe ich hier nicht berücksichtigt, weil das den Rahmen des Buches sprengen würde.*

Die Steuerklasse entscheidet über den Steuersatz

Bitte verwechsle die erbschaftsteuerliche Steuerklasse keinesfalls mit der Lohnsteuerklasse, die nur darüber entscheidet, was dein Arbeitgeber dir von deinem Bruttolohn abzieht, falls du angestellt bist. Das ist etwas anderes. Bei der Erbschaftsteuer gibt es eigene Steuerklassen und diese entscheiden über den Prozentsatz, der als Erbschaftsteuer auf den Wert des erhaltenen Nachlasses angewendet wird. Es gibt die Steuerklassen I bis III und prinzipiell gilt: Je höher die Einstufung, desto ungünstiger der Steuersatz.

Nach welchen Kriterien wird diese Einstufung vorgenommen? Je weiter entfernt ein Nachlassempfänger in der Familienkette vom Erblasser entfernt ist, desto höher die Steuerklasse und desto höher damit auch der Steuersatz. Einen Überblick über die Steuersätze findest du in der folgenden Tabelle. Du siehst: Die Steuersätze sind innerhalb einer Steuerklasse nicht einheitlich. Sie richten sich auch danach, wie hoch der erhaltene Nachlasswert ist beziehungsweise um wie viel er den erbschaftsteuerlichen Freibetrag überschreitet.

Erbschaftsteuer – so hoch sind die Steuersätze			
Differenz zwischen Nachlasswert und Freibetrag bis …	**Steuersatz**		
	Steuerklasse I	Steuerklasse II	Steuerklasse III
75.000 €	7 %	15 %	30 %
300.000 €	11 %	20 %	30 %
600.000 €	15 %	25 %	30 %
6 Mio. €	19 %	30 %	30 %
13 Mio. €	23 %	35 %	50 %
26 Mio. €	27 %	40 %	50 %
Über 26 Mio. €	30 %	43 %	50 %

Wie wird nun genau gerechnet? Das ist im Prinzip nicht schwierig: Von dem, was eine Person aus dem Nachlass erhält, wird zunächst der persönliche Freibetrag abgezogen. Auf das, was darüber hinausgeht, muss diese Person entsprechend ihrer Steuerklasse den Steuersatz ans Finanzamt abführen, der für den überschießenden Betrag gilt. Schauen wir uns dazu einige Beispiele an.

Beispiel 1: Ehefrau erbt 500.000 Euro – keine Steuer, kein Stress

Ein klassischer Fall: Ein Mann stirbt und hinterlässt seiner Ehefrau 500.000 Euro. Steuerlich bleibt das folgenlos – und zwar aus gutem Grund. Der Freibetrag für Ehepartner liegt bei satten 500.000 Euro. Solange das Erbe in diesem Rahmen bleibt, interessiert sich das Finanzamt nicht dafür. Ergebnis: Die 500.000 Euro gehen komplett steuerfrei auf die Ehefrau über.

Beispiel 2: Lebensgefährtin ohne Trauschein erbt 500.000 Euro – jetzt wird es teuer

Ganz anders sieht es aus, wenn es keinen Trauschein gibt. Zwar kann der Mann seine Lebensgefährtin im Testament bedenken (und umgekehrt), aber das Steuerrecht kennt da kein Pardon. Der Freibetrag für nicht verheiratete Partner oder nicht eingetragene gleichgeschlechtliche Lebenspartner liegt bei mageren 20.000 Euro. Alles darüber wird besteuert – und zwar mit satten 30 Prozent, bei Summen über 26 Millionen Euro sogar mit 50 Prozent.

Rechnen wir die steuerliche Belastung einmal aus. Nehmen wir dazu an, der Nachlasswert, den die Lebensgefährtin erhält, liegt bei 500.000 Euro.

Nachlasswert	500.000 €
Freibetrag	20.000 €
Zu versteuernde Differenz	480.000 €
Steuerlast (bei Steuersatz 30 %)	**144.000 €**

Fazit: Die Liebe mag groß gewesen sein, aber das Erbe wird klein. Unterm Strich bleiben nur 336.000 Euro übrig.

Beispiel 3: Bruder erbt 500.000 Euro – verwandt, aber nicht begünstigt

Auch Geschwister fallen beim Steuerrecht nicht in die Kategorie „familiär bevorzugt“. Der Freibetrag liegt bei ebenfalls nur 20.000 Euro, genau wie bei völlig Fremden. Immerhin ist der Steuersatz jedoch günstiger. Rechnen wir das aus für einen Bruder, der 500.000 Euro erbt.

Nachlasswert	500.000 €
Freibetrag	20.000 €
Zu versteuernde Differenz	480.000 €
Steuerlast (bei Steuersatz 20 %)	**96.000 €**

Fazit: So nahe sich die Geschwister auch gestanden haben mögen: Beim Fiskus zählt nur der Verwandtschaftsgrad, nicht die emotionale Verbundenheit.

Es gibt noch mehr Vergünstigungen – wenn auch nicht für alle

Mit dem Freibetrag und der Steuerklasse hast du das Hauptprinzip der Erbschaftsteuer bereits verstanden. Es gibt aber noch ein paar Vorzugsbehandlungen, die allerdings nicht alle Nachlassempfänger genießen. Darüber solltest du unbedingt auch Bescheid wissen, denn sie eröffnen dir einige praktische zusätzliche Steuersparmöglichkeiten.

Spezielle Freibeträge, die zusätzlich gelten

Für Ehepartner, Kinder und Pflegepersonen gelten spezielle Freibeträge, die zum bereits genannten persönlichen Freibetrag hinzukommen:

- **Hausratfreibetrag:** Für Wäsche, Möbel, Teppiche und was sich sonst in Schränken und Kommoden versteckt. Ehepartner und Kinder dürfen Hausrat bis zu 41.000 Euro steuerfrei übernehmen. Für sonstige bewegliche Dinge (zum Beispiel ein Auto) gibt es weitere 12.000 Euro – allerdings nur für Erben der Steuerklasse I.

- **Versorgungsfreibetrag:** Wenn Ehepartner oder Kinder direkt Rentenansprüche erben, gibt es auch dafür einen Steuerbonus. Ehepartnern stehen bis zu 256.000 Euro steuerfrei zu. Kinder bis zum Alter von 27 bekommen, je nach Alter, zwischen 10.300 und 52.000 Euro.

- **Pflegefreibetrag:** Wer dich vor deinem Tod unentgeltlich gepflegt hat, kann dafür bis zu 20.000 Euro steuerfrei erben – als Anerkennung für geleistete Fürsorge. Allerdings gilt das nur, wenn es als Gegenleistung im Rahmen bleibt. Eine übertriebene Pflegevergütung im Nachhinein ist also nicht möglich, wohl aber eine angemessene Entschädigung. Aber Achtung: Dafür darf nicht schon während der Pflegezeit Geld geflossen sein. Außerdem ist eine genaue Dokumentation der Tätigkeiten und des Zeitaufwands notwendig, sonst gewährt das Finanzamt den Pflegefreibetrag nicht ohne Weiteres.

Das selbst genutzte Familienheim ist ein super Steuersparmodell
Auch eine Immobilie kannst du unter bestimmten Voraussetzungen komplett steuerfrei vererben – vorausgesetzt, du hältst dich an die Regeln, die dafür gelten. Sie sind zwar streng, aber es lohnt sich, darüber nachzudenken.

Die Steuervergünstigung gilt allerdings ausschließlich für das selbst genutzte Eigenheim – also das Haus oder die Wohnung, wo du bis zuletzt gelebt hast. Oder, ganz wichtig: aus dem du nur deshalb ausgezogen bist, weil ein Pflegeheim nötig wurde. Nur dann greift die Sonderregelung (§ 13 Abs. 1 Nr. 4a bis 4c ErbStG). Sie schützt das sogenannte Familienheim – nicht aber das Ferienhäuschen an der Ostsee oder das schicke City-Apartment, das nur am Wochenende genutzt wurde.

Wer profitiert von der Steuerfreiheit? Zwei Gruppen kommen in den Genuss dieser erheblichen Steuerbefreiung:

- **Der Ehepartner oder die Ehepartnerin**
  Für sie gilt: Das Familienheim bleibt steuerfrei – ganz gleich, ob es sich um eine 40-Quadratmeter-Wohnung oder ein Anwesen mit Park und Pool handelt. Für eingetragene gleichgeschlechtliche Lebenspartner gilt das auch. Und das Beste: Die Regelung gilt nicht nur im Erbfall, sondern auch bei einer Schenkung zu Lebzeiten.

- **Kinder (und bei deren Tod: Enkelkinder)**
  Hier gelten mehr Einschränkungen. Steuerfreiheit gibt es nur beim Erben, nicht beim Schenken. Außerdem darf die Immobilie nicht größer als 200 Quadratmeter sein. Liegt die Wohnfläche darüber, zählt ein Teil des Immobilienwertes doch zum Nachlasswert, nach dem sich die Erbschafteuer bemisst, nämlich das, was flächenanteilig über die 200-Quadratmeter-Grenze hinausgeht. Bei einem 300-Quadratmeter-Haus zählt also ein Drittel des Werts ganz normal zum Nachlasswert.

Damit die Steuerfreiheit greift, müssen mehrere Bedingungen erfüllt sein, die das Finanzamt sehr genau unter die Lupe nimmt:

- **Als Erblasser oder Erblasserin musst du selbst dort gewohnt haben.** Allenfalls ein gesundheitlich bedingter Umzug ins Heim ist unschädlich.

- **Wer das Familienheim erbt, muss zügig einziehen.** Laut Rechtsprechung sollte das spätestens innerhalb von sechs Monaten nach dem Erbfall geschehen. Danach kennt das Finanzamt kein Pardon, auch wenn das Objekt noch kernsaniert werden muss. Ansonsten droht ein erbitterter Nachweiskrieg, bei dem der Nachlassempfänger dokumentieren muss, warum er nichts dafür konnte, dass sich die Bauarbeiten länger hingezogen haben.

- **Wer das Familienheim erhält, muss darin mindestens zehn Jahre wohnen.** Zieht die betreffende Person vorher wieder aus, wird es teuer (es sei denn, sie muss aus gesundheitlichen Gründen ins Pflegeheim): Die Steuerfreiheit fällt nachträglich weg und das Finanzamt verlangt die Nachzahlung der Erbschaftsteuer.

Welche klugen Nachlassregelungen die Erbschaftsteuer mindern

Es ist möglich, durch ein Testament oder einen Erbvertrag die Erbschaftsteuer in erheblichem Umfang zu reduzieren. Dazu folgen einige Beispiele.

Das Familienheim aufwerten und dabei Steuern sparen

Wenn deine Kinder oder dein Ehepartner das Familienheim auch nach deinem Tod weiter selbst bewohnen möchten, gibt es einen steuerfreien Weg, es ihnen zu vererben. Der Clou: Die Steuerbefreiung gilt unabhängig vom Immobilienwert. Es kann sich also lohnen, vorab in eine Modernisierung oder einen Anbau zu investieren. Der erhöhte Wert bleibt steuerfrei und gleichzeitig sinkt durch die Ausgaben der steuerpflichtige Rest des Nachlasses. Ein neuer Parkettboden oder eine moderne Heizung kann also doppelt sinnvoll sein.

Vermächtnisse zur Entlastung der Erben

An dieser Stelle muss ich mit einem weitverbreiteten Vorurteil aufräumen: Ein Erbe ist etwas anderes als ein Vermächtnis. Zwar handelt es sich bei beidem um eine nach dem Tod vorgenommene Zuwendung aus dem Nachlass. Wer aber erbt, hat die volle Verantwortung für den erhaltenen Nachlass. Ein Erbe erbt also die Rechte mitsamt den Pflichten und muss sich, wenn es keine Alleinerbschaft ist, mit den Miterben einigen, was mit dem geerbten Nachlass passieren soll (zum Beispiel Immobilien).

Wer dagegen ein Vermächtnis erhält, bekommt per Testament bestimmte Dinge oder Geldbeträge zugesprochen. Als sogenannter Vermächtnisnehmer hat er einen Anspruch auf Herausgabe gegenüber dem oder den Erben, aber keine weiteren Verpflichtungen. Ein Vermächtnis kann alles Mögliche sein: die handgeschnitzte Wäschetruhe, ein wertvolles Ölgemälde, ein Oldtimer, eine Immobilie.

Für die Erben bedeutet das eine steuerliche Entlastung. Der Wert etwa einer umfassenden Münzsammlung oder einer antiken Kommode, die an eine Person oder Institution gehen soll, zählt nämlich nicht zum steuerpflichtigen Nachlass der Erben. Besteuert wird das Ganze stattdessen beim Vermächtnisnehmer und dort greift wieder sein persönlicher Freibetrag.

Vermächtnisse sind aber auch denkbar an gemeinnützige oder mildtätige Organisationen. Wenn du mit deinem Nachlass etwas Gutes tun willst, dann ist es klug, im Testament ein solches Vermächtnis anzuordnen, besser sogar, als wenn du deine Erben zum Spenden verpflichtest. Denn bei einem Vermächtnis zu einem guten Zweck fällt auf die Zuwendung keine Erbschaftsteuer an, vorausgesetzt, der Empfänger ist vom Fiskus als gemeinnützig oder mildtätig eingestuft.

Pflegefreibetrag erhöht den steuerfreien Nachlass

Wer sich uneigennützig um eine erkrankte Person kümmert, darf auch steuerlich einen kleinen Ausgleich erwarten. Dass es hierfür den sogenannten Pflegefreibetrag gibt, habe ich schon erwähnt. Voraussetzung: Die Person, die ihn nutzt, hat den oder die Verstorbene unentgeltlich gepflegt und darüber ein einfaches Stundentagebuch geführt. Pro Stunde können etwa 25 Euro angesetzt werden, bis zu einem Betrag von 20.000 Euro zusätzlich zum persönlichen Steuerfreibetrag. 800 Stunden Pflegezeit ergeben also ein stattliches steuerfreies Plus.

Heiraten, um den persönlichen Freibetrag zu erhöhen

Nicht jeder möchte sich gleich durch eine Heirat an seinen Lebenspartner binden. Eine Überlegung ist es jedoch wert. Du erinnerst dich an das Beispiel mit Beatrix und Albrecht? Wären die beiden verheiratet gewesen, hätte Beatrix als Ehefrau automatisch zumindest 75 Prozent des Nachlasses geerbt. Mit Testament hätte Albrecht ihr sogar 100 Prozent seines Nachlasses vererben können.

Beatrix hätte dabei sogar gute Chancen gehabt, der Erbschaftsteuer zu entkommen, denn das gemeinsam bewohnte Eigenheim hätte sie steuerfrei erben und daneben noch einen persönlichen Freibetrag von 500.000 Euro beanspruchen können statt der 20.000 Euro, die für Lebensgefährten ohne Trauschein gelten.

Natürlich lässt sich die Entscheidung zur Eheschließung nicht übers Knie brechen. Wenn einer von euch schon verwitwet ist und Anspruch auf eine Hinterbliebenenrente (Witwen- oder Witwerrente) hat, geht dieser Anspruch bei einer erneuten Eheschließung womöglich verloren. Ihr solltet aber bedenken, dass zumindest die gesetzliche Rentenversicherung in solchen Fällen eine Abfindung in Höhe von 24 Monatsrenten vorsieht. Dabei zählt der Durchschnitt der vergangenen zwölf Monate. Die Auszahlung lässt sich problemlos bei der Deutschen Rentenversicherung beantragen.

Zugewinnausgleich: Der stille Steuervorteil für Ehepaare

Wenn du in einer Ehe ohne besonderen Ehevertrag gelebt hast, gilt automatisch die Zugewinngemeinschaft. Damit sind eigentlich nur Menschen konfrontiert, die sich scheiden lassen, denn beim Ende einer Ehe wird ein Zugewinnausgleich vorgenommen. Das heißt: Man schaut, welcher Vermögenszuwachs bei beiden Partnern während der Ehe stattgefunden hat, zählt den Zuwachs beider Partner zusammen und teilt ihn durch zwei. Jedem Partner steht die Hälfte zu.

Zum „Ende einer Ehe" kommt es aber nicht allein durch Scheidung. Auch der Tod beendet die Ehe und auch hier gibt es einen Zugewinnausgleich. Allerdings wird in diesem Fall nicht mit spitzem Bleistift aufgeführt, was im Laufe der Ehe hinzugekommen ist. Vielmehr wird beim Tod eines Partners der Zugewinnausgleich pauschal berücksichtigt: Ein Viertel des Nachlasses erhält der hinterbliebene Partner pauschal, er ist in der Hälfte enthalten, die ein Ehepartner laut gesetzlicher Erbfolge bekommt.

Wird der Zugewinn konkret berechnet, sprich wird dem Anfangs- das Endvermögen gegenübergestellt, bleibt der tatsächliche Zugewinnausgleich komplett steuerfrei. Vor allem Ehefrauen, die in der klassischen Versorgerehe wenig eigenes Vermögen aufgebaut haben, können hier erheblich profitieren. Denn wer einen geringen Anfangsbestand plausibel machen kann, spart oft enorme Summen an Erbschaftsteuer.

Güterstandsschaukel für Ehepaare mit großem Vermögensunterschied

Steuergünstige Vermögensübertragungen zwischen Ehepartnern sind in größerem Umfang per Güterstandsschaukel möglich. Das lohnt sich oft in traditionellen Ehen, wo er als Alleinverdiener sehr viel Vermögen angehäuft hat und sie, meist der Kinder wegen, beruflich zurückgesteckt hat.

Wenn du und dein Ehepartner bereit seid, euren ehelichen Güterstand zweimal anzupassen, einmal weg von der Zugewinngemeinschaft hin zur Gütertrennung und später wieder zurück, lässt sich damit ganz legal Erbschaftsteuer sparen.

Was du dafür tun musst? Zum Notar gehen und zunächst die Zugewinngemeinschaft per Ehevertrag beenden. Damit ist der Weg frei für einen sogenannten Zugewinnausgleich: Derjenige von euch, der während der Ehe mehr Vermögen aufgebaut hat, muss dem anderen die Hälfte des beiderseitigen Vermögenszuwachses ausgleichen.

Dieser Ausgleich erfolgt steuerfrei – keine Schenkungsteuer, keine Erbschaftsteuer. Das ist der Trick an der ganzen Sache. Anschließend geht ihr ein zweites Mal zum Notar. Ihr schließt wieder einen Ehevertrag ab und kehrt damit zurück in die Zugewinngemeinschaft. Damit habt ihr steuerfrei ein beträchtliches Vermögen übertragen.

Das Ganze hat einen hübschen Nebeneffekt: Stirbt einer von euch, bekommt der andere automatisch ein Viertel des Nachlasses als Zugewinnausgleich. Und auch dieses Viertel bleibt bei der Erbschaftsteuer unberücksichtigt. Der Fiskus prüft nicht, ob vorher bereits ein steuerfreier Zugewinnausgleich geflossen ist. Mit dieser Güterstandsschaukel lassen sich also Vermögenswerte in beträchtlicher Höhe steuerfrei zwischen Eheleuten übertragen.

Schenkungen: Alle zehn Jahre den Freibetrag nutzen

Was viele nicht wissen: Der persönliche Freibetrag gilt nicht nur im Erbfall, sondern auch bei Schenkungen. Und das Beste daran: Alle zehn Jahre lässt er sich erneut ausschöpfen. In drei Jahrzehnten kannst du also auch einem Bruder, einer Freundin oder einem Patenkind dreimal den Freibetrag steuerfrei zukommen lassen. Bei einem Freibetrag von 20.000 Euro ergibt das insgesamt 60.000 Euro – ganz ohne Abzug. Weil das Thema Schenkungen gerade mit Blick auf deinen Nachwuchs so wichtig ist, gehe ich auf dieses Thema in Kapitel 11 genauer ein.

Mein Rat: Aufgrund der Erbschaftsteuer kann ein Testament sinnvoll sein
Steuern auf das Erbe lassen sich oft vermeiden oder zumindest reduzieren – wenn du nur weißt, wie. Ob du dazu ein Testament brauchst? In vielen Fällen ist das sinnvoll. Lass dich unbedingt in Sachen Nachlassregelung steuerlich beraten, wenn du ein großes Vermögen hast und eine Überschreitung der Freibeträge droht. Und berücksichtige ansonsten zumindest die Freibeträge ebenso wie die steuerlichen Privilegien bestimmter Menschen, die dir nahestehen. Was du bei der Testamentserstellung beachten musst, erfährst du in den nächsten Abschnitten.

Testament oder Erbvertrag: So regelst du den Nachlass konkret

Du hast anhand deiner persönlichen Situation erkannt, dass es besser ist, deinen Nachlass zu regeln, anstatt dich auf die gesetzliche Erbfolge zu verlassen? Dann geht es im nächsten Schritt darum, zu entscheiden, welche Form der Nachlassregelung zu dir passt. Im Wesentlichen hast du drei Möglichkeiten. Mit der folgenden Entscheidungshilfe findest du schneller die passende Option.

Erste Möglichkeit: Das eigenhändige Testament – schlicht, aber wirksam

Wenn du deinen letzten Willen zu Papier bringen willst, brauchst du kein Jurastudium und keinen Notartermin. Ein einfaches Blatt Papier, eigenhändig von vorn bis hinten handgeschrieben, mit Datum versehen und unterschrieben – das genügt. Wichtig ist nur, dass du das Ganze als „Testament", „Mein letzter Wille" oder „Letztwillige Verfügung" überschreibst.

Im Todesfall müssen deine Hinterbliebenen das Schriftstück beim Nachlassgericht einreichen. Das erstellt dann einen Erbschein, mit dem sich die Erben gegenüber Banken, Versicherungen, dem Grundbuchamt und sonstigen Behörden und Einrichtungen legitimieren.

Wann reicht ein eigenhändiges Testament?
Wenn du ein eher unkompliziertes Erbe hinterlässt, keinen Streit erwartest und sicher bist, dass niemand dein Testament einfach verschwinden lassen oder manipulieren könnte, bist du mit einem eigenhändigen Testament gut bedient. Dieses ist auch als gemeinschaftlicher „letzter Wille" möglich, allerdings nur bei Ehepaaren oder eingetragenen gleichgeschlechtlichen Lebenspartnern. Paare ohne Trauschein können kein gemeinsames Testament errichten.

Damit ein eigenhändiges Testament vom Nachlassgericht anerkannt wird, muss es bestimmte formale Anforderungen erfüllen. Welche das sind, zeigt dir die folgende Checkliste.

Checkliste

Formvorschriften für ein handschriftliches Testament	
1. Die Überschrift muss das Dokument eindeutig bezeichnen: „Testament", „Letztwillige Verfügung", „Mein letzter Wille" oder bei einem gemeinsamen Ehegattentestament auch „Unser letzter Wille", das sorgt für Klarheit.	☐
2. Der gesamte Text muss von Hand geschrieben sein. Beim gemeinschaftlichen Testament unter Ehegatten reicht es, wenn einer der beiden Partner alles von Hand schreibt.	☐
3. Das Testament muss ein Datum enthalten, am besten am Schluss vor der Unterschrift. Denn falls nach dem Tod mehrere Testamente auftauchen, gilt das zuletzt erstellte.	☐
4. Nachträgliche Streichungen, Ergänzungen oder Korrekturen sind tabu. Auch das gute alte Tipp-Ex solltest du nicht verwenden. Denn solche Spuren lassen den Verdacht aufkommen, das Dokument könnte nachträglich von anderen Menschen verändert worden sein.	☐
5. Erst mit einer eigenhändigen Unterschrift am Schluss des Dokuments wird das Testament gültig. Bei einem gemeinsamen Ehegattentestament müssen beide unterschreiben.	☐

Du kannst dein eigenhändiges Testament zu Hause aufbewahren, am besten mit Hinweis an eine Vertrauensperson, wo es zu finden ist. Oft ist es aber ratsam, es in amtliche Verwahrung zu geben, also damit zum Nachlassgericht zu gehen und es dort gegen Gebühr zu hinterlegen.

Auch ein Eintrag ins Zentrale Testamentsregister der Bundesnotarkammer ist sinnvoll, den du aber nicht privat veranlassen kannst, sondern beim Gericht beauftragen musst. Beides, amtliche Verwahrung und Eintrag ins Testamentsregister, kostet nicht die Welt, sorgt aber dafür, dass es im Erbfall aufgefunden wird. Mehr zu den Kosten erfährst du im Abschnitt „Die Kosten der Nachlassregelung".

Aufgepasst: Nicht sinnvoll ist die Aufbewahrung in einem Bankschließfach, denn darauf haben die Erben erst Zugriff, wenn sie, etwa mit einem Erbschein, ihre Erbenstellung beweisen können – und dafür wiederum brauchen sie ein Testament.

Zweite Möglichkeit: Das notarielle Testament bietet mehr Rechtssicherheit

Du willst auf Nummer sicher gehen? Dann ist das notarielle Testament – manchmal auch „öffentliches Testament" genannt – die richtige Wahl. Ein Notar setzt deine Wünsche juristisch sauber auf, berät dich zur Gestaltung deines Nachlasses und sorgt dafür, dass alles rechtlich wasserdicht ist. Das kostet zwar Gebühren, die ansonsten aber später für den Erbschein anfallen, den die Erben beim Nachlassgericht beantragen müssten. Unterm Strich kostet das notarielle Testament nicht unbedingt mehr – einen Kostenvergleich findest du weiter hinten in diesem Kapitel.

Wann ist ein notarielles Testament sinnvoll? Wenn dein Nachlass komplex ist, zum Beispiel weil du mehrere Immobilien, Firmenanteile oder verschiedene Vermögenswerte zu verteilen hast. Auch wenn du befürchtest, dass es später unter den Hinterbliebenen Streit geben könnte, solltest du auf diese Variante setzen.

Der Notar bestätigt nämlich im Rahmen der Beurkundung automatisch deine Testierfähigkeit, hält also in seinen Notizen fest, dass du geistig klar warst und dass es keine Anzeichen dafür gab, dass du deinen Willen nicht aus freien Stücken formuliert hättest. Das macht es Angehörigen, die du aus ihrer Sicht nicht ausreichend berücksichtigt hast, später praktisch unmöglich, das Testament anzufechten.

Üblicherweise kümmert sich der Notar auch gleich um eine Eintragung ins Zentrale Testamentsregister der Bundesnotarkammer. Auch das sorgt für eine leichte Auffindbarkeit, wenn der Erbfall eintritt.

Dritte Möglichkeit: Der Erbvertrag – Vereinbarung auf Gegenseitigkeit

Der Erbvertrag ist, wie der Name schon sagt, ein Vertrag. Das heißt: Nicht du allein triffst eine Verfügung, sondern du und eine weitere Person, ihr einigt euch verbindlich. Auch hier führt der Weg zum Notar. Wann ist das sinnvoll? Vor allem in drei Fällen:

1. Wenn du mit deiner Lebenspartnerin oder deinem Lebenspartner ohne Trauschein eine gemeinsame letztwillige Verfügung treffen willst. Ein gemeinsames Testament, ob eigenhändig oder notariell, ist laut Gesetz nur Eheleuten oder eingetragenen gleichgeschlechtlichen Lebenspartnern erlaubt. Für nicht verheiratete oder offiziell als Lebenspartner eingetragene Paare bleibt nur der Erbvertrag.

2. Wenn du einer Person aus deinem Nachlass etwas zuwendest, aber im Gegenzug eine Verpflichtung vereinbaren willst.

3. Wenn du jemanden zum Pflichtteilsverzicht bewegen möchtest. Der Pflichtteil ist eine Art Mindestzuwendung aus dem Nachlass, auf den die engsten Angehörigen einen Anspruch haben, wenn du sie nicht im Testament berücksichtigst. Weil eine Pflichtteilsforderung ein Unternehmen regelrecht zerschlagen kann, kann es sinnvoll sein, per Erbvertrag zu vereinbaren: Der betreffende Angehörige verzichtet freiwillig auf seinen Pflichtteil, bekommt dafür aber eine Abfindung. Was es genau mit dem Pflichtteil auf sich hat und warum es üblicherweise nicht möglich ist, die engsten Angehörigen durch ein Testament ganz zu enterben, liest du im folgenden Abschnitt.

Exkurs: Was es mit dem Pflichtteilsanspruch auf sich hat

„Mein Sohn Markus bekommt keinen Cent!" Solche Sätze fallen häufiger, als man denkt, besonders nach einem handfesten Familienkrach. Doch ganz so einfach ist das Enterben nicht. Selbst wer im Testament übergangen wurde oder laut Testament ausdrücklich nichts bekommen soll, kann mitunter trotzdem einen Teil des Nachlasses einfordern. Der Fachbegriff dafür lautet „Pflichtteil".

Der Pflichtteilsanspruch hat es für beide Seiten in sich. Wer vererbt, sollte wissen, wen das Gesetz schützt. Und wer leer ausgeht, sollte prüfen, ob ihm trotzdem etwas zusteht.

Pflichtteilsberechtigt sind in erster Linie Ehepartner und Kinder. Das gilt auch für adoptierte Kinder. Ist ein Kind bereits verstorben, rücken dessen eigene Kinder nach. Gibt es keine direkten Nachkommen, haben die Eltern des Erblassers einen Pflichtteilsanspruch, sofern sie noch leben. Dieser Anspruch richtet sich stets gegen die Erben und ist sogar einklagbar.

Kurz gesagt: Wer zur „engsten Familie" gehört, kann nicht so einfach übergangen werden. Und wer plant, jemanden zu enterben, sollte genau wissen, was das juristisch bedeutet – und welche Alternativen es gibt.

Übrigens kann der Pflichtteil auch nicht einfach umgangen werden, wenn du jemanden im Testament mit weniger bedenkst als dem Gegenwert des Pflichtteils. Dann besteht ein Recht auf Aufstockung, das nennt sich „Zusatzpflichtteil".

Der Pflichtteil umfasst die Hälfte des gesetzlichen Erbes

Der Pflichtteil beträgt genau die Hälfte des gesetzlichen Erbteils. Oder anders gesagt: Wer durch ein Testament leer ausgeht, hat trotzdem Anspruch auf 50 Prozent von dem, was ihm ohne Testament laut der gesetzlichen Erbfolge zugestanden hätte.

Ob Kinder, Eltern oder Ehepartner: Es kommt es auf die familiäre Gesamtkonstellation an, wie hoch der Pflichtteil ist. Wer sich nicht durch Paragrafen wühlen möchte: Es gibt im Netz auf den Webseiten diverser Anwälte, die sich auf Erbrecht spezialisiert haben, sehr brauchbare Pflichtteilrechner. Mit ein paar Klicks und ein paar Antworten bekommst du dort schnell eine ziemlich verlässliche Einschätzung.

Der Pflichtteil ist stets eine Geldforderung

Wichtig zu wissen: Pflichtteilsberechtigte können keine bestimmte Immobilie oder sonstige Wertgegenstände aus dem Nachlass einfordern, auch wenn ihr Herz noch so sehr daran hängt. Das ist auch dann nicht möglich, wenn es sich zum Beispiel um das Elternhaus handelt, in dem sie aufgewachsen sind. Der Pflichtteil ist ein reiner Geldanspruch, der sich gegen die Erben richtet. Diese entscheiden, ob sie zur Auszahlung Ersparnisse verwenden, vorhandene Wertpapiere verkaufen oder notfalls etwas anderes aus dem Nachlass liquidieren, um den Pflichtteilsanspruch zu erfüllen.

Die Erben müssen den Pflichtteil übrigens nicht automatisch auszahlen. Erst wenn der Pflichtteil ausdrücklich eingefordert wird, sind sie zur Zahlung verpflichtet. Um den Pflichtteil einzufordern, bleibt drei Jahre lang Zeit. Die Frist startet mit Ablauf des Jahres, in dem der Erbfall eingetreten ist. Wer erst später vom Tod des Erblassers erfährt, für den beginnt die Frist mit diesem Zeitpunkt. Nach spätestens 30 Jahren ist aber in jedem Fall Schluss. Dann können keine Pflichtteilsansprüche mehr geltend gemacht werden.

Wie die Pflichtteilsberechtigten von der Höhe ihres Anspruchs erfahren

Wie erfahren die pflichtteilsberechtigten Personen, wie hoch ihr Anspruch ist? Sie haben ein Recht darauf, von den Erben Auskunft darüber zu erhalten, wie groß dein Nachlass ist. Wer einen Pflichtteil verlangt, kann ein Nachlassverzeichnis fordern; das ist gesetzlich geregelt (§ 2214 BGB). Dieses Verzeichnis muss folgende Informationen enthalten:

- **Was gehört zum Nachlass?** Dazu zählen Konten, Depots, Bargeld, Immobilien, Firmenanteile – aber auch Schulden und Verbindlichkeiten.

- **Welchen Wert haben die einzelnen Positionen am Todestag?** (Bei einem Wertpapierdepot zählt üblicherweise der Schlusswert am Todestag.)

- **Welche größeren Schenkungen wurden in den letzten zehn Jahren vor deinem Tod gemacht?** Schenkungen in diesem Zeitraum erhöhen rechnerisch den Nachlasswert, der zur Ermittlung des Pflichtteils herangezogen wird. Dieser Wert verringert sich allerdings mit jedem Jahr, das seit dem Zeitpunkt der Schenkung vergangen ist, um ein Zehntel (mehr dazu in Kapitel 11).

Die pflichtteilsberechtigte Person kann sogar verlangen, bei der Erstellung des Nachlassverzeichnisses persönlich anwesend zu sein. Außerdem darf sie auf einem notariellen Verzeichnis bestehen. Die Kosten dafür gelten als Nachlassverbindlichkeit. Sie werden also nicht vom Pflichtteil abgezogen, sondern schmälern die Erbmasse insgesamt.

Pflichtteilentziehung ist nur nach schweren Verstößen möglich

Jetzt weißt du: Üblicherweise geht es nicht, etwa dem eigenen Ehepartner oder Kind den Nachlass komplett vorzuenthalten. Selbst wenn du ins Testament schreibst: „Ich enterbe …", bleibt der Pflichtteilsanspruch bestehen. Allerdings definiert das Gesetz ein paar Voraussetzungen, unter denen du testamentarisch tatsächlich den Entzug des Pflichtteils anordnen kannst.

Es zählen allerdings nur wirklich schwere Verfehlungen, die sich der betreffende Angehörige hat zuschulden kommen lassen. Der harmloseste ist eine böswillige Verletzung seiner Unterhaltspflichten gegenüber dir als Erblasser oder Erblasserin. Auch eine schwere Straftat, die zu einer rechtskräftigen Verurteilung zu mindestens einem Jahr Haftstrafe geführt hat und den Erhalt des Pflichtteils unzumutbar erscheinen lässt, ermöglicht die Pflichtteilsentziehung. Ebenfalls möglich macht dies ein Verbrechen gegen dich oder deine nächsten Angehörigen (körperliche Gewalt, Raub, Tötungsversuch).

Näher vertiefen will ich das hier nicht, aber jetzt weißt du, dass es bei der Erbregelung via Testament auch Grenzen gibt.

Mein Tipp: Denke bei der Erbregelung stets auch an den Pflichtteil
Wenn du vermeiden möchtest, dass es nach deinem Tod Streit um Zahlen, Vermögenswerte und Gerechtigkeit gibt, dann denke bei der Nachlassplanung auch an das Thema Pflichtteil. Sprich gegebenenfalls mit den Betroffenen. Du weißt, dass es dafür Lösungen gibt, etwa einen Pflichtteilsverzicht gegen Abfindung, wenn sonst etwa der Fortbestand deines Unternehmens auf dem Spiel steht oder der Verkauf des Familienheims droht. Dann lässt sich, etwa mit einem Erbvertrag, eine rechtssichere Lösung finden. Und durch rechtzeitige Schenkungen an Menschen, die du besonders bedenken möchtest, lassen sich Pflichtteilsansprüche ebenfalls verringern. Genaueres dazu erfährst du in Kapitel 11, wo ich das Thema Schenkungen behandle.

Die Kosten der Nachlassregelung

Wenn du deinen Nachlass regelst, fallen Kosten an, und zwar nicht nur für das Testament oder den Erbvertrag selbst, sondern auch für alles drumherum: die amtliche Verwahrung, die Registrierung und womöglich später das Dokument, mit dem sich die Erben als rechtmäßige Nachlassempfänger ausweisen. Je nach Testament nennt sich das Erbschein (bei eigenhändigem Testament) oder Eröffnungsprotokoll (bei notariellem Testament). Manche dieser Kosten zahlst du selbst zu Lebzeiten, andere deine Erben. Damit du den Überblick behältst, hier die wichtigsten Punkte.

Der größte Posten ist in der Regel das notarielle Testament. Darin enthalten ist bereits die spätere Testamentseröffnung. Es entsteht also kein doppelter Aufwand. Wenn du dich dagegen für ein eigenhändiges

Testament entscheidest, zahlst du zunächst nichts, deine Erben müssen aber im Nachhinein einen Erbschein beantragen. Dieser kostet ungefähr genauso viel wie das notarielle Testament im Voraus.

Die Berechnungsgrundlage liefert das Gerichts- und Notarkostengesetz. Die dort aufgeführten Gebühren sind gestaffelt und richten sich nach zwei Faktoren:

- dem Wert deines Nachlasses und
- der Zahl der Personen, die die Erbregelung treffen (Einzeltestament = „einfache Gebühr", Ehegattentestament oder Erbvertrag = „doppelte Gebühr")

Die Bezeichnungen „einfache Gebühr" und „doppelte Gebühr" sind sozusagen die Einheiten, in denen gerechnet wird. Für jede Gerichts- oder Notarleistung wird ein Faktor festgelegt (1 bei einer einfachen Gebühr und 2 bei einer doppelten Gebühr). Das kannst du zusammen mit dem Nachlasswert in jeden Notarkostenrechner im Internet eingeben, um die Nettokosten (ohne Mehrwertsteuer) zu ermitteln. Die folgende Tabelle liefert dir ein paar Beispiele.

Die Kosten der Nachlassregelung

Form der Nachlassregelung	Kosten für Erblasser	Kosten für Erben	Kosten* (Bei welchem Nachlasswert?)
Eigenhändiges Testament	-	Einfache Gebühr (für den Erbschein)	115,00 € (25.000 €) 273,00 € (100.000 €) 535,00 € (250.000 €) 935,00 € (500.000 €) 1.735,00 € (1 Mio. €) 3.335,00 € (2 Mio. €)
Notarielles Einzeltestament	Einfache Gebühr (inkl. Testaments-eröffnung durch Nachlassgericht)	-	136,85 €* (25.000 €) 324,87 €* (100.000 €) 636,65 €* (250.000 €) 1.112,65 €* (500.000 €) 2.064,65 €* (1 Mio. €) 3.968,65 €* (2 Mio. €)

Die Kosten der Nachlassregelung			
Form der Nachlassregelung	**Kosten für Erblasser**	**Kosten für Erben**	**Kosten* (Bei welchem Nachlasswert?)**
Notarielles Ehegattentestament Erbvertrag	Doppelte Gebühr (inkl. Testamentseröffnung durch Nachlassgericht)	–	273,70 €* (25.000 €) 649,74 €* (100.000 €) 1.273,30 €* (250.000 €) 2.225,30 €* (500.000 €) 4.129,30 €* (1 Mio. €) 7.937,30 €* (2 Mio. €)

* *Bei Notarleistungen inklusive 19 Prozent Mehrwertsteuer*

Wichtig zu wissen: Notare berechnen Mehrwertsteuer, Gerichte tun das nicht. Das bedeutet: Beim notariellen Testament sind 19 Prozent inbegriffen (in der Tabelle mit Stern gekennzeichnet), beim Erbschein vom Gericht bleibt es beim Nettobetrag. Außerdem verlangen Notare üblicherweise eine Auslagenpauschale für Telefon, Porto, Papier und Kopien vom meist zehn bis 20 Euro pro Auftrag.

Für die Verwahrung deines Testaments beim Amtsgericht wird außerdem eine pauschale Gebühr fällig, die derzeit unter 100 Euro beträgt. Die zusätzliche und rundum empfehlenswerte Registrierung im Zentralen Testamentsregister der Bundesnotarkammer kostet zwischen 15 und 40 Euro.

Noch ein notwendiger Vorsorgeschritt: Prüfe, wem der Hinterbliebenenschutz deiner Lebensversicherung zugutekommt

Zum Thema Lebensversicherungen hast du bereits ausführliche Informationen in Kapitel 8 erhalten. Einen Aspekt habe ich dabei allerdings noch ausgeklammert, weil er im weiteren Sinne zum Thema Nachlassregelung gehört: das Thema Hinterbliebenenschutz beziehungsweise Todesfall-Leistung. Hier gibt es noch gesonderten Handlungsbedarf.

Er betrifft ältere Lebensversicherungen mit Todesfall-Leistung. Bei diesen solltest du besonders aufmerksam hinschauen, wer bei deiner Police oder deinen Policen als „Begünstigter" beziehungsweise „bezugsberechtigte Person“ eingetragen ist, also der Mensch, der im Falle deines Ablebens den Hinterbliebenenschutz bekommt. Denn was dort einst bei Abschluss eingetragen wurde, passt Jahre später womöglich nicht mehr. Und das kann ziemlich unangenehme Folgen haben sowie leider auch teuer werden, wie mehrere Gerichtsentscheidungen zeigen. Dazu zwei reale Beispiele.

Beispiel 1: Zahlung an die Ex-Freundin
Ein Mann hatte in jüngeren Jahren eine Lebensversicherung abgeschlossen. Zu diesem Zeitpunkt war er mit seiner damaligen Lebensgefährtin liiert und ließ sie als bezugsberechtigte Person im Todesfall eintragen. Jahre später trennte sich das Paar, der Mann fand eine neue Partnerin, heiratete – und offenbar wurde die Versicherung nicht informiert. Als er starb, zahlte sie die Todesfall-Leistung pflichtgemäß aus. Allerdings bekam das Geld nicht seine Ehefrau, sondern die Ex-Freundin. Die Witwe klagte dagegen. Doch das Gericht wies sie ab: Die Auszahlung sei korrekt erfolgt. Schließlich sei die Ex-Partnerin namentlich als bezugsberechtigt eingetragen gewesen. Später stellte sich heraus, dass der Mann bei seinem Versicherungsmakler sehr wohl das betreffende Formular ausgefüllt, der Makler aber vergessen hatte, es an die Versicherung weiterzuleiten (OLG Frankfurt am Main, 03.11.2021, Az. 7 U 74/20).

Beispiel 2: Zahlung an den einstigen Ehemann
Auch scheinbar eindeutige Angaben können sich als tückisch erweisen. Eine Frau hatte 1979 beim Abschluss ihrer Police als bezugsberechtigt eingetragen: „Ehegatte der versicherten Person“. Damals war sie mit ihrem ersten Mann verheiratet. Zehn Jahre später kam es zur Scheidung, 1993 heiratete sie erneut. Doch als sie ein Jahr später starb, ging die Auszahlung, rund 6.300 Euro, an den Ex-Mann. Der aktuelle Ehemann klagte, aber auch er verlor den Prozess. Laut Bundesgerichtshof gilt bei solch allgemeinen Bezeichnungen die Person,

mit der man beim Vertragsabschluss verheiratet war, als begünstigt (BGH, 14.02.2007, Az. IV ZR 150/05).

Mein Rat für deine Policen

Lass Versicherungen mit Todesfallschutz nicht einfach unbeachtet in einem Ordner liegen, sondern:

- prüfe regelmäßig, wer als bezugsberechtigt eingetragen ist.
- ändere den Eintrag, wenn sich dein Leben ändert.
- nenne die Person am besten mit vollem Namen und Adresse.
- ganz wichtig: Lass dir die Änderung schriftlich vom Versicherer bestätigen.

Denn am Ende zählt nicht, was du wolltest, sondern was auf dem Papier steht. Wenn du übrigens nichts eintragen lässt, steht die Todesfall-Leistung deinen Erben zu.

KAPITEL 11

Schenkungen mit Herz und Verstand: Glück weitergeben, Streit vermeiden, Steuern sparen

Wenn du weißt, dass dein Vermögen gut reicht, um dir ein schönes Leben zu ermöglichen – warum dann nicht darüber nachdenken, wie du einen Teil davon schon jetzt weitergeben kannst? An deine Kinder. An Menschen, die dir nahestehen. Oder an eine Einrichtung, die dir am Herzen liegt. Ich nenne das gern: Glück teilen.

Gerade wer sich im Laufe des Lebens finanziell etwas aufgebaut hat, empfindet es oft als beglückend, den eigenen Kindern den Start ins Erwachsenenleben ein wenig zu erleichtern. Das kann ein Zuschuss zur Ausbildung sein, zur ersten eigenen Wohnung oder eben eine ordentliche Finanzspritze für das Eigenkapital beim Immobilienkauf.

Genau da setzen mein Mann und ich an: Unsere Kinder stehen jetzt langsam auf eigenen Beinen, verdienen ihr erstes eigenes Geld. Und da wir ihnen schon früh beigebracht haben, wie man mit kleinen Beträgen in Aktien investieren kann, ist der nächste Schritt nur logisch: Jetzt sind Immobilien an der Reihe – und damit größere Beträge, mehr

Verantwortung, mehr Lernstoff. Wir unterstützen sie dabei gern, nicht allein als reine Geldgeber, sondern zugleich auch als Impulsgeber, wie sie sich klug ein Vermögen aufbauen können.

Schenkungen sind dafür das passende Instrument. Sie ermöglichen nicht nur punktgenaue Hilfe; sie sparen oft auch bares Geld bei der Erbschaftsteuer. Und sie helfen, spätere Konflikte zu vermeiden. Denn wer klug schenkt, kann auch sicherstellen, dass bestimmte Werte in der Familie bleiben, ob das nun ein Haus ist, ein Unternehmen oder ein besonders geschätztes Kunstwerk.

Wie du bei Schenkungen am besten vorgehst, worauf du achten solltest und welche Spielregeln der Staat vorgibt, erfährst du in diesem Kapitel.

Warum Schenken oft besser ist als Vererben

Es gibt viele gute Gründe, Vermögen schon zu Lebzeiten zu übertragen und nicht alles erst über das Testament den Menschen zu vererben, die du bedenken möchtest. Drei davon sind besonders überzeugend:

- Du sparst Steuern.
- Du reduzierst Pflichtteilsansprüche.
- Du kannst nachteilige Folgen der Vermögensübertragung eindämmen.

Lass uns diese drei Gründe näher beleuchten.

Du sparst Steuern – und zwar in großem Umfang

Erbschaften und Schenkungen sind steuerpflichtig. Das klingt unangenehm, wird aber durch die sogenannten persönlichen Freibeträge gemildert. Ein Ehepartner kann 500.000 Euro steuerfrei erhalten, ein

Kind immerhin 400.000 Euro, ein Enkelkind 200.000 Euro. Und jetzt kommt der Clou: Diese Freibeträge gelten alle zehn Jahre aufs Neue.

Wer also klug plant, kann durch gestaffelte Vermögensübertragungen eine Menge Steuern sparen. Besonders relevant ist das bei Personen mit sehr niedrigen Freibeträgen – etwa der Person, mit der du ohne Trauschein zusammen bist, Geschwistern oder langjährigen Wegbegleitern.

Ein Beispiel: Andreas lebt mit seiner Lebensgefährtin Bettina zusammen, möchte sie finanziell absichern. Von einer Heirat haben die beiden bewusst abgesehen, weil Bettina sonst ihre Witwenrente verlieren würde. Ihr persönlicher Freibetrag? Weil die beiden weder verwandt noch verheiratet sind, liegt er leider nur bei 20.000 Euro. Alles darüber wird mit 30 Prozent besteuert. Bei einem Depot im Wert von 60.000 Euro wären das satte 18.000 Euro, die sie an das Finanzamt zahlen müsste. Das muss nicht sein. Andreas könnte ihr das Depot stattdessen Stück für Stück übertragen, jeweils 20.000 Euro. Wenn er das dreimal im Abstand von zehn Jahren tun würde, bliebe die Schenkung völlig steuerfrei.

Du reduzierst Pflichtteilsansprüche

Du weißt inzwischen: Wer im Testament bewusst einen engen Angehörigen nicht bedenkt, belastet sein Erbe womöglich mit Pflichtteilsansprüchen. Denn wenn Ehepartner und Kinder, in manchen Fällen auch Eltern oder Enkel, laut Testament nichts vom Nachlass bekommen sollen, dürfen sie die Hälfte ihres gesetzlichen Erbteils von den Menschen einfordern, die du als Erbe eingesetzt hast.

Hoffen wir doch sehr, dass dir größere Streitereien in der Familie erspart bleiben. Vielleicht ist aber aus weniger schwerwiegenden Gründen der Entschluss in dir gereift, bestimmte Personen möglichst vom Nachlass auszuschließen oder zumindest mit weniger zu bedenken als dem Pflichtteil. Schenkungen zu Lebzeiten sind da ein cleveres Mittel: Sie können den Nachlass wirksam schmälern. Zwar werden Schenkungen bei der Pflichtteilsberechnung zum Teil berücksichtigt, aber nur für eine begrenzte Zeit – meist zehn Jahre. Wer früh beginnt, verschafft sich also mehr Gestaltungsfreiheit.

Beachte: Bei Schenkungen gilt das Abschmelzmodell über zehn Jahre
Das Gesetz sieht vor: Eine Schenkung, die im letzten Jahr vor deinem Tod erfolgt ist, wird bei der Pflichtteilsberechnung voll berücksichtigt. Es besteht ein sogenannter Pflichtteilsergänzungsanspruch.

Rechnerisch wird also so getan, als wäre das verschenkte Vermögen noch Teil deines Nachlasses. Und der Schenkungswert wird nicht schlagartig weniger, aber immerhin Zug um Zug, denn es gilt das „Abschmelzmodell".

Es besagt: Für jedes volle Jahr, das zwischen Schenkung und Tod liegt, reduziert sich der anzurechnende Wert um zehn Prozent. Erst nach zehn Jahren wirkt sich eine Schenkung nicht mehr auf den Pflichtteilsanspruch aus. Das heißt konkret: Wenn du frühzeitig und mit klarem Kopf planst, kannst du durch Schenkungen zu Lebzeiten den Pflichtteil spürbar verringern.

Du kannst nachteilige Folgen der Vermögensübertragung eindämmen

Erbschaften sind endgültig. Bei Schenkungen ist das nicht zwingend der Fall. Mit einem passenden Schenkungsvertrag kannst du Rückforderungsklauseln einbauen, zum Beispiel für den Fall einer Scheidung.

Es gibt auch noch andere Fälle, in denen eine Rückforderung sinnvoll erscheint. Welche das sind und wie die entsprechenden Rückforderungsklauseln im Schenkungsvertrag aussehen könnten, dazu findest du weiter hinten in diesem Kapitel nähere Erläuterungen.

Mein Fazit
Schenkungen sind kein romantisches Beiwerk für Eltern mit gutem Herz, sondern ein strategisches Instrument für alle, die ihre Vermögensübertragung auf die nächste Generation gezielt gestalten wollen. Du bleibst handlungsfähig, steuerlich flexibel und kannst Ärger vermeiden, mit dem sich sonst deine Erben womöglich herumschlagen müssten. In diesem Kapitel erfährst du, was rechtlich möglich ist, wie du es steuergünstig umsetzt und worauf du lieber nicht verzichten solltest.

Schenken mit Köpfchen: Warum du einen Notar einschalten solltest

Eine Schenkung muss nicht immer vom Notar beurkundet werden, denn das Bürgerliche Gesetzbuch sagt: Zwar bedarf eine Schenkung eigentlich der notariellen Beurkundung. Sie ist aber ausnahmsweise auch ohne notariellen Schenkungsvertrag wirksam, wenn sie tatsächlich vollzogen wird (§ 518 BGB), sprich wenn der geschenkte Gegenstand auch wirklich an die beschenkte Person übertragen wird.

Ich gebe zu: Das klingt nach einer Einladung, die Sache einfach selbst in die Hand zu nehmen. Aber Achtung: Bei bestimmten Vermögenswerten ist der notarielle Schenkungsvertrag doch Pflicht und bei größeren Vermögensübertragungen ist er aus guten Gründen ratsam.

Unumgänglich ist der Gang zum Notar, wenn es um Immobilien, Grundstücke oder auch GmbH-Anteile geht. Hier ist die Sache eindeutig: Wer einen solchen Vermögenswert verschenken will, braucht einen notariell beurkundeten Schenkungsvertrag. Ohne Notar wäre die Schenkung schlichtweg unwirksam. Eine Grundbuchänderung oder ein Eintrag im Handelsregister lässt sich nicht einfach aufgrund einer mündlichen Absprache oder eines ohne Notar aufgesetzten Vertrags erreichen. Hier bist du an die gesetzlich vorgeschriebene Form gebunden.

Ein notarieller Vertrag kann aber auch dann sinnvoll sein, wenn es rechtlich nicht vorgeschrieben ist, um der Schenkung rechtliche Gültigkeit zu verleihen. Vor allem aus vier Gründen lege ich dir nahe, zumindest größere Schenkungen mit einem notariellen Vertrag zu beurkunden:

- zur eindeutigen Dokumentation des Schenkungszeitpunkts
- zur Vermeidung späterer Verteilungsstreitigkeiten
- zur Vereinbarung eines Pflichtteilsverzichts
- zur Vereinbarung von Rückforderungsklauseln.

Mit diesen Stichworten wirst du vermutlich nicht allzu viel anfangen können. Sie füllen sich aber mit Leben, wenn du die folgenden Abschnitte liest.

Mit notariellem Vertrag ist der Zeitpunkt der Schenkung eindeutig dokumentiert

Diese zeitliche Dokumentation kann später aus Beweisgründen entscheidend sein, etwa gegenüber dem Finanzamt oder pflichtteilsberechtigten Angehörigen.

- Gegenüber dem Finanzamt: Du weißt inzwischen ja, dass sich erbschaft- und schenkungsteuerliche Freibeträge alle zehn Jahre neu nutzen lassen. Wer im 10-Jahres-Zeitraum stets nie mehr als den Freibetrag verschenkt, kann enorme Summen an Erbschaftsteuer vermeiden. Mit einem notariellen Schenkungsvertrag ist der Beweis eindeutig erbracht, zu welchem Zeitpunkt du eine Schenkung vollzogen hast. Damit lässt sich etwa nachweisen, dass seit der letzten größeren Schenkung bis zur Höhe des Freibetrags schon mehr als zehn Jahre vergangen sind. Das ist wichtig zum Beispiel bei einer Goldmünzensammlung oder wertvollen Antiquitäten beziehungsweise Kunstgegenständen. Sonst hält womöglich das Finanzamt die Hand auf und verlangt Erbschaft- oder Schenkungsteuer.

- Gegenüber pflichtteilsberechtigten Personen: Schenkungen kurz vor dem Tod werden bei der Berechnung des Pflichtteils berücksichtigt. Sie erhöhen den Nachlasswert und damit die Höhe des Pflichtteils, den die Erben an eine pflichtteilsberechtigte Person auszahlen müssen. Aber spätestens nach Ablauf von zehn Jahren ist in aller Regel Schluss damit. Das heißt: Geht aus dem notariellen Schenkungsvertrag hervor, dass die Schenkung schon länger als zehn Jahre zurückliegt, dann wirkt sie sich nicht mehr auf den Pflichtteil aus. Es besteht kein Pflichtteilsergänzungsanspruch mehr.

Du willst spätere Verteilungsstreitigkeiten vermeiden

Laut Gesetz sollen Kinder bei der Erbfolge gleichbehandelt werden. Ohne Testament erben alle Kinder laut Gesetz zu gleichen Teilen und bekommt ein Kind mehr als die anderen, ist es diesen gegenüber ausgleichspflichtig, muss also die anderen auszahlen, damit es nicht mehr bekommt als die anderen.

Das ist aber nicht immer gerechtfertigt. Wenn sich ein Kind über Jahre viel mehr um dich kümmert, dich unterstützt und dir den Rücken freihält, während die anderen sich rarmachen, kann es sehr wohl angemessen sein, dieses Kind besonders zu bedenken. In einem notariellen Schenkungsvertrag kannst du genau das festlegen. Darin kannst du regeln, dass das vorzeitig beschenkte Kind gegenüber den anderen von der Ausgleichspflicht befreit ist.

Aber auch der umgekehrte Fall ist denkbar: Du kannst genauso festlegen, dass der Wert der Schenkung angerechnet werden soll auf den Anteil, den das Kind später noch als Nachlass erhält, etwa, wenn du ihm eine wertvolle Immobilie schon zu Lebzeiten überschreibst, damit es mietfrei wohnen kann.

Du willst dir einen Pflichtteilsverzicht sichern

Du hast es nicht in der Hand, was nach deinem Tod passiert, und schon gar nicht, wie sich deine Angehörigen dann verhalten. Wenn du im Testament eine Verteilung planst, bei der sich jemand benachteiligt fühlen könnte, kann das leicht im Streit enden. Besonders problematisch wird es, wenn enge Verwandte leer ausgehen und ihren Pflichtteil von den Erben einfordern, die du testamentarisch bestimmt hast. Das kann diese Erben finanziell so unter Druck setzen, dass sie gezwungen sind, beispielsweise das geerbte Familienheim oder die geliebte Ferienwohnung zu verkaufen – einfach, um die Auszahlung des Pflichtteils stemmen zu können.

Verhindern lässt sich das mit einer klaren Vereinbarung: Schenkung gegen Pflichtteilsverzicht. Du übergibst etwa deinem Sohn deine

Goldmünzensammlung schon zu Lebzeiten. Im Gegenzug verzichtet er per notariell beurkundetem Vertrag darauf, im Erbfall seinen Pflichtteil geltend zu machen.

Du willst dir ein Rückforderungsrecht vorbehalten

Das Gesetz sieht die Rückforderung einer Schenkung nur in engen Grenzen vor, wenn dazu nichts Näheres vereinbart ist, zum Beispiel, wenn der Schenker verarmt (§ 528 BGB) oder wenn „grober Undank" vorliegt (§ 530 BGB).

Grober Undank ist es juristisch allerdings nicht, wenn die beschenkten Kinder oder Enkel kaum noch zu Besuch kommen oder den Kontakt ganz abbrechen. Es müssen schon wesentlich gravierendere Verfehlungen vorliegen. Damit du nicht auf die gesetzlichen Rückforderungsmöglichkeiten beschränkt bleibst, lohnt es sich, genauer festzuhalten, wann die Schenkung rückgängig gemacht werden soll.

Mit einem notariellen Schenkungsvertrag kannst du die Regeln selbst bestimmen. Sie festzuschreiben ist auch dann sinnvoll, wenn es nicht zum Streit zwischen dir und der beschenkten Person kommt. Mehr dazu erfährst du im nächsten Abschnitt.

Mein Fazit: Notarielle Beurkundung ist oft empfehlenswert
Theoretisch brauchst du brauchst zwar nicht immer einen Notar. Oft sorgt er aber für deutlich mehr Klarheit und rechtliche Sicherheit. Und er hilft dir, alle Regelungen so zu gestalten, dass sie auch im Fall der Fälle rechtlich wasserdicht sind. Dafür lohnt es sich, das Geld für den Notar in die Hand zu nehmen.

Rückforderungsklauseln: So hältst du dir ein Hintertürchen offen

Es kann Fälle geben, in denen du ein ursprünglich gegebenes Schenkungsversprechen nicht länger aufrechterhalten willst. Nicht, weil sich an deiner ursprünglichen Großzügigkeit etwas geändert hätte, sondern weil sich die Rahmenbedingungen grundlegend gewandelt haben und die Folgen für die Schenkung gravierend wären. Gegen welche Fälle solltest du dich mit einer Rückforderungsklausel absichern? Hier kommen die wichtigsten Szenarien.

Scheidung der beschenkten Person: Der Ex-Partner soll nicht von der Schenkung profitieren

Den Begriff „Zugewinnausgleich" habe ich beim Thema Erbfolge schon erwähnt. Das ist das gängige Verfahren einer Vermögensaufteilung im Fall einer Scheidung. Und genau das kann bei Schenkungen, und speziell bei Immobilienschenkungen, zu einem echten Problem werden.

Ein Beispiel aus der Praxis: Silke hat von ihrem verstorbenen Vater vor Jahren eine Wohnung geerbt – damals 600.000 Euro wert, heute 1,4 Millionen. Nach der Scheidung soll ihr Ex-Mann am Zugewinn beteiligt werden, also dem Vermögenszuwachs während der Ehe. Das ist gängig bei Scheidungen, wenn es keinen Ehevertrag gibt: Was beide Partner während der Ehezeit an Vermögen hinzugewonnen haben, wird zusammengezählt und durch zwei geteilt. Jedem steht die Hälfte zu. Wer aktuell mehr hat, muss den sogenannten Zugewinnausgleich leisten, also von seinem Vermögen so viel abgeben, bis auch der andere Partner besagte Hälfte hat. Eigentlich eine ziemlich pfiffige gesetzliche Regelung, die gerade Frauen begünstigt, die während einer Ehe oft beruflich wegen der Kindererziehung zurückgesteckt haben.

Der Zugewinnausgleich kann allerdings bei geerbten Immobilien oder sonstigen Wertgegenständen tückisch werden. Zwar bleibt eine Erbschaft oder größere Schenkung zunächst unberücksichtigt. Solche Zuwendungen zählen nicht zum Zugewinn und werden somit ausgeklammert bei der Frage, was der Ex-Partner bekommt. Das gilt aber nur für deren ursprünglichen Wert. Sehr wohl zum ehelichen Zugewinn zählt leider der Wertzuwachs einer einst geerbten oder vor längerer Zeit als Geschenk erhaltenen Immobilie. Dieser Wertzuwachs ist ausgleichspflichtig.

So ist das auch bei besagter Münchener Wohnung, deren Wert um 800.000 Euro gestiegen ist seit dem Zeitpunkt, als Silke sie bekommen hat. Ergebnis: Silke muss die Hälfte dieses Wertzuwachses, 400.000 Euro, an ihren Ex-Mann auszahlen. Das kann sie nur bewerkstelligen, indem sie die Wohnung verkauft.

Mit einer Schenkung wäre das womöglich anders gelaufen. Wäre die Wohnung nicht vererbt, sondern verschenkt worden, hätte man im Schenkungsvertrag eine entsprechende Rückforderungsklausel für den Scheidungsfall einbauen können. Bei Scheidung geht die Wohnung an die Eltern zurück. Damit hätte sich dieser ungünstige Ausgang verhindern lassen.

Bewahrung des Familienheims: Kein Verkauf, keine Beleihung erwünscht

Ob die alte Stadtvilla oder vielleicht sogar der Landsitz, der seit Generationen in der Familie ist, oder das Ferienhäuschen, in dem sich, seit du denken kannst, die Familie zum gemeinsamen Urlaub trifft: Gerade an solche Immobilien besteht oft eine enge Bindung. Du wirst dir mit Bedacht überlegen, wer aus dem Kreis deiner Angehörigen sie übernehmen und möglichst als Familienmittelpunkt weiterführen soll.

Trotzdem kann auch diese Person in Versuchung geraten, das Objekt zu Geld zu machen. Etwa wenn sie sich selbstständig machen will und für die Unternehmensgründung Startkapital braucht. Da mag es für diese Person naheliegend sein, das Objekt zu verkaufen oder doch wenigstens zu beleihen.

Solche Verfügungen kannst du ebenfalls mit einer Rückforderungsklausel verhindern. Zumindest aber kannst du sie abhängig machen von deiner Zustimmung (wenn du nicht mehr lebst, geht dieses Recht auf deine Erben über). Dann ist für die beschenkte Person klar: Ohne dein Einverständnis darf sie die Immobilie nicht verkaufen. Und als Sicherheit für ein Darlehen scheidet sie ebenfalls aus, wenn du das nicht willst.

Tod der beschenkten Person: Damit nicht die falschen Menschen dein Geschenk erben

Der Gedanke ist höchst verstörend, aber trotzdem solltest du ihn in dein Kalkül einbeziehen: Was soll geschehen, wenn etwa das Kind stirbt, das deine Schenkung erhält? Wenn du voll und ganz damit einverstanden bist, dass dessen Erben etwa die geschenkte Immobilie bekommen, brauchst du nichts zu unternehmen.

Aber angenommen, du kommst nicht besonders gut aus mit dessen Ehepartner oder Lebensgefährte. Oder du hast keine besonders enge Bindung zu den Enkeln. Dann kann eine Rückforderungsklausel für Fall, dass die beschenkte Person vor dir stirbt, durchaus sinnvoll sein.

Verschuldung der beschenkten Person: Dein Geschenk soll nicht an Gläubiger gehen

Du willst mit deiner Schenkung Freude bereiten – und nicht irgendwelche Gläubiger bedienen. Doch genau das kann passieren, wenn die beschenkte Person in finanzielle Schwierigkeiten gerät ... und das muss nicht an deren mangelndem Verantwortungsbewusstsein liegen: Eine Firmenpleite, eine Scheidung, ein plötzlicher Jobverlust, all das ist niemals ausgeschlossen. Das Leben schreibt manchmal teure Drehbücher.

Damit dein Geschenk nicht in fremde Hände gerät, solltest du auch dafür eine Rückforderungsklausel einbauen. So sicherst du dir das Recht, die Schenkung zurückzuverlangen, falls bei dem oder der Beschenkten die Schuldenfalle zuschnappt. Wann genau dieser Rückforderungsfall eintritt, ob schon bei der ersten Zwangsvollstreckung oder erst bei einem Insolvenzverfahren, kannst du individuell festlegen.

Am besten besprichst du das genau mit dem Notar. Der kennt die passende juristische Formulierung und sorgt dafür, dass dein Geschenk auch wirklich bei der richtigen Person bleibt.

Spielsucht, Drogensucht, Sektenbeitritt: Wenn die beschenkte Person auf Abwege gerät

Du verschenkst ein Haus oder einen Vermögensgegenstand, aber ganz gewiss kein Spielgeld für den nächsten Absturz. Gerade bei Menschen mit Suchtvergangenheit oder instabiler Lebensführung kann eine Rückforderungsklausel wichtig sein.

Doch auch unabhängig davon lohnt sie sich. Denn wer garantiert dir, dass dein Geschenk nicht eines Tages bei einer Sekte, einem Dealer oder in der Spielhalle landet? Leider lässt sich so etwas nie ganz ausschließen. Manche Menschen geraten durch Schicksalsschläge oder persönliche Krisen in Süchte oder Abhängigkeiten, aus denen sie sich nicht mehr so leicht befreien können.

Mit einer entsprechenden Klausel stellst du sicher: Sollte der oder die Beschenkte in eine Abhängigkeit rutschen oder sich fragwürdigen Organisationen anschließen, kannst du dein Geschenk zurückfordern. Dies ist oft der einzige Weg, um zu verhindern, dass deine guten Absichten in einem schlechten Umfeld zunichtegemacht werden.

Lass dich in Ruhe beraten

Ob Scheidung, unberechtigte Verfügung, Tod der beschenkten Person, Verschuldung, Sucht oder Sektenbeitritt: Es ist kein Problem, im Schenkungsvertrag eine entsprechende Absicherung in Form einer Rückforderungsklausel einzubauen, mit der du das Geschenk zurückfordern kannst. Der Gang zum Notar kostet dich keinen Cent mehr, wenn du dich zur Ausgestaltung des Schenkungsvertrags gründlich beraten lässt. Nutze diese Möglichkeit, denn ein Notar bringt viel Fachwissen mit, von dem du profitierst. Und da du diejenige Person bist, die die Schenkung macht, kannst du die Regeln diktieren, nach denen sie vollzogen oder gegebenenfalls wieder rückgängig gemacht wird.

Was kostet ein notarieller Schenkungsvertrag?

Du erinnerst dich an die Vorgaben zu den Notarkosten. Weil an einem Schenkungsvertrag zwei Parteien beteiligt sind, musst du laut Kostenordnung dafür die doppelte Gebühr entrichten, so wie bei einem Erbvertrag oder einem gemeinsamen Ehegattentestament. Außerdem hängt es zusätzlich vom Wert der Schenkung ab, wie viel tatsächlich anfällt, und auch hier wird außerdem die gesetzliche Mehrwertsteuer verlangt, die jeder Notar hierzulande erheben muss.

Was ein Schenkungsvertrag beim Notar kostet

Wert der Schenkung	Notarkosten*	Wert der Schenkung	Notarkosten*
25.000 €	273,70 €	400.000 €	1.868,30 €
50.000 €	392,70 €	450.000 €	2.106,30 €
75.000 €	521,22 €	500.000 €	2.225,30 €
100.000 €	649,74 €	750.000 €	3.177,30 €
150.000 €	842,52 €	1 Mio. €	4.129,30 €
200.000 €	1.035,30 €	1,5 Mio. €	6.033,30 €
250.000 €	1.273,30 €	2 Mio. €	7.937,30 €
300.000 €	1.511,30 €	3 Mio. €	11.745,30 €
350.000 €	1.630,30 €	5 Mio. €	19.361,30 €

* *Inklusive 19 Prozent Mehrwertsteuer, zuzüglich 10 bis 20 Euro Pauschale für Telefon-, Kopier- und Portokosten*

Immobilie übertragen, Nutzungsrecht behalten: Was dir ein Wohn- oder Nießbrauchsrecht bringt

Du möchtest ein Haus oder eine Wohnung via Schenkung übertragen, ohne zum Auszug gezwungen zu sein? Oder du willst trotzdem weiterhin von den Mieteinnahmen profitieren? Möglich ist das, und zwar mithilfe von zwei Rechten, die du dir im Schenkungsvertrag einräumen lassen kannst:

- **Wohnrecht:** Mit einem Wohnrecht hast du weiterhin das Recht, in der verschenkten Immobilie wohnen zu bleiben.

- **Nießbrauchsrecht:** Ein Nießbrauchsrecht geht noch weiter. Du hast die Wahl, ob du besagte Immobilie nach dem Verschenken selbst bewohnen willst oder ob du sie vermieten und die Mieteinnahmen erhalten möchtest.

Allerdings muss für beide Fälle geregelt werden, wer für die laufenden Kosten aufkommt. Bei einem Nießbrauch mit Vermietung ist diese Frage auch steuerlich relevant, denn als Werbungskosten im Rahmen der „Einkünfte aus Vermietung und Verpachtung" absetzen kann diese Kosten nur, wer von den Mieteinnahmen profitiert.

Wohnrecht und Nießbrauchsrecht werden im Grundbuch eingetragen. Sie bleiben also auch bestehen, wenn das Objekt etwa durch einen Verkauf den Eigentümer wechselt. Du ahnst es sicher schon: Ein Objekt, das entsprechend belastet ist, ist mitunter schwer verkäuflich. Zumindest sinkt der Kaufpreis, weil der Käufer das Objekt über Jahre hinweg nicht entsprechend seiner Planung nutzen kann.

Steuerlich hat dieser reduzierte Verkehrswert allerdings wiederum gewisse Vorteile, denn ein Wohn- oder Nießbrauchsrecht senkt die Bemessungsgrundlage für die Schenkungsteuer. Ganz grob gesagt: Der Wert eines Wohn- oder Nießbrauchsrechts entspricht der Summe der eingesparten oder eingenommenen Jahresmieten. Die künftigen Mieten werden abgezinst auf den heutigen Tag. Um diesen sogenannten Kapitalwert mindert sich der Immobilienwert, der zur Schenkungsteuer herangezogen wird. Dabei spielt eine wichtige Rolle, wie lange dieses Wohn- oder Nießbrauchsrecht voraussichtlich bestehen bleibt.

Dafür gibt es Tabellen, die das Finanzamt heranzieht, um den Kapitalwert des Wohn- oder Nießbrauchsrechts zu ermitteln. Sie beruhen letztlich auf der voraussichtlichen Lebenserwartung, denn meistens wird ein solches Wohn- oder Nießbrauchsrecht bis zum Lebensende gewährt.

Die Berechnung erfolgt pauschal anhand deines Alters und Geschlechts, wenn du dir das Wohn- oder Nießbrauchsrecht einräumen lässt. Gilt es zugleich für dich und deinen Partner oder deine Partnerin, zählt der- oder diejenige mit der voraussichtlich längeren Lebenserwartung.

Aufgepasst: Schenkung mit Nießbrauch mindert Pflichtteilsansprüche nicht
Vorsicht ist allerdings mit einem Nießbrauchsrecht geboten, wenn die Immobilie verschenkt wird, um die Pflichtteilsansprüche eines Angehörigen zu reduzieren. Normalerweise würde ja – siehe oben – eine Schenkung spätestens nach Ablauf von zehn Jahren den Pflichtteil nicht mehr erhöhen.

Eine Schenkung, bei der du dir ein Nießbrauchsrecht vorbehältst, setzt diese 10-Jahres-Frist allerdings nicht in Gang. Das heißt: Der volle Wert der verschenkten Immobilie zählt zum Nachlass, wenn es darum geht, den Pflichtteil zu ermitteln. Das gilt auch dann noch, wenn der Zeitpunkt der Schenkung bereits 20 oder 30 Jahre zurückliegt.

In solchen Fällen ist ein Wohnrecht besser, zumindest, wenn eine Fremdvermietung sowieso nicht geplant ist, sondern du selbst in der Immobilie wohnen bleiben willst. Ein Wohnrecht hemmt den Fristablauf nicht. Das heißt: Nach zehn Jahren löst die Schenkung mit Wohnrechtsvorbehalt keinen Pflichtteilsergänzungsanspruch mehr aus.

Steuerliche Grundlagen: Schenkungen werden fast gleich besteuert wie Erbschaften

Die Schenkungsteuer ist praktisch gleich hoch wie die Erbschaftsteuer. Kein Wunder, beide werden zusammen im Erbschaft- und Schenkungsteuergesetz geregelt. Es gibt nur kleine Unterschiede zwischen Erbschaft und Schenkung. Weil sie aber nicht ganz unwesentlich sind, gehe ich zunächst auf diese Unterschiede ein.

Allgemeine Regeln zu Freibetrag und Steuerklasse

Es zählen Freibetrag, Steuerklasse und Höhe der Zuwendung. Damit gilt, wie bei einer Erbschaft, für deinen Ehe- oder eingetragenen Lebenspartner ein Freibetrag von 500.000 Euro, für deine Kinder je 400.000 Euro und für jeden Enkel 200.000 Euro. Dem nicht ehelichen oder nicht eingetragenen Lebenspartner stehen hingegen nur 20.000 Euro zu, die gleiche Summe wie Geschwistern, Neffen, Nichten oder auch völlig Fremden.

Nur bei den Eltern und Großeltern gibt es einen gravierenden Unterschied zwischen Erbschaft und Schenkung:

- Bei der Erbschaft können sie einen Freibetrag in Höhe von 100.000 Euro in Anspruch nehmen und fallen in die günstigste Steuerklasse I mit einem Steuersatz ab sieben Prozent.

- Bei einer Schenkung sind es nur 20.000 Euro und es greift die weniger günstige Steuerklasse II mit einem Steuersatz ab 15 Prozent. Damit will der Gesetzgeber vermeiden, dass allzu viel steuergünstig über eine Kettenschenkung über Umwege letztlich der Steuer entzogen wird. Man könnte ja sonst erst die Eltern steuerfrei bedenken, die die Schenkung nach einigen Jahren mit einem Freibetrag von 400.000 Euro an die Geschwister weitergeben könnten.

Aber immerhin: 20.000 Euro Freibetrag sind besser als gar nichts. Immer wieder im 10-Jahres-Abstand Vermögen zu übertragen und dabei unterhalb der persönlichen Freibeträge zu bleiben kann sich also lohnen.

Sonderfall: Wenn das Eigenheim verschenkt wird

Das selbst genutzte Eigenheim lässt sich ebenfalls steuerfrei verschenken. Möglich ist dies allerdings nur, wenn dein Ehepartner oder deine Ehepartnerin die Schenkung bekommt. Eine steuerfreie Immobilienübertragung an die Kinder oder Enkel ist, anders als bei einer Erbschaft, nicht möglich.

Eine Immobilienschenkung unter Ehepartnern hat einen riesigen Vorteil gegenüber einer Übertragung via Erbschaft: Der Ehepartner ist nicht verpflichtet, mindestens zehn Jahre lang in dem Objekt wohnen zu bleiben. Auch wenn er früher auszieht und es verkauft, bleibt das steuerfrei. Das kann eine enorme Erleichterung sein im Vergleich zum steuerfreien Vererben.

Aber auch hier gilt: Die Schenkung muss das „Familienheim" betreffen. Wird hingegen ein Zweitwohnsitz oder Ferienhäuschen verschenkt, greift die Steuerbefreiung nicht.

Immobilien verschenken: Lass dich steuerlich beraten

Es ist problemlos möglich, Immobilien Zug um Zug zu verschenken, also so, dass die persönlichen Schenkungsteuer-Freibeträge nie überschritten werden.

Aufpassen musst du aber, wenn die beschenkte Person zugleich das Darlehen übernehmen soll, mit dem die betreffende Immobilie finanziert wurde. Die Übernahme der Restschuld kann vom Finanzamt als „Kaufpreis" interpretiert werden. Nach einem neueren Urteil des Bundesfinanzhofs ist das zwar schenkungsteuerlich kein Problem. Wenn das verschenkte Objekt dir zum Zeitpunkt der Schenkung aber noch keine zehn Jahre gehört hat, kann es sein, dass du als Schenkerin oder Schenker plötzlich Spekulationsteuer auf „Gewinne" zahlen musst, die du in Wirklichkeit gar nicht erzielt hast. Die Einzelheiten erspare ich dir, du kannst sie in der Entscheidungsdatenbank des Bundesfinanzhofs nachlesen (Urteil vom 11. März 2025, Aktenzeichen: IX R 17/24).

Meine Empfehlung: Erst beim Steuerberater nachfragen
Ratsam ist in jedem Fall eine steuerliche Beratung, bevor du eine Immobilie verschenkst. Lass dir genau darlegen, welche Konsequenzen etwa ein Wohnrecht, ein Nießbrauch oder die Übernahme eines Hypothekendarlehens durch die beschenkte Person hat. Das gilt auch für Vereinbarungen dazu, wer die laufenden Kosten trägt. Das ist vor allem bei Mietobjekten wichtig, weil sich hier die Frage stellt, wer die Werbungskosten und die Abschreibung im Rahmen der Einkommensteuererklärung geltend machen kann.

KAPITEL 12

Stiftungen: Wenn dein Vermögen Generationen überdauern soll

Die Familienstiftung, oft auch augenzwinkernd als „Sparbüchse für Familien“ bezeichnet, ist ein mächtiges Instrument für alle, die ihr Vermögen dauerhaft sichern und selbst bestimmen wollen, wer davon profitiert. Anders als eine gemeinnützige Stiftung ist sie privatnützig. Das heißt: Nicht wohltätige Zwecke stehen im Vordergrund, sondern deine Familie. Du entscheidest, wer aus den Erträgen Nutzen ziehen darf – heute, morgen und in vielen Jahren.

Mit einer Familienstiftung lassen sich Immobilien oder Firmenvermögen langfristig bündeln, erhalten und gezielt steuern. Dagegen dient eine gemeinnützige Stiftung dazu, dass dein Vermögen der Gesellschaft zugutekommt. Auch hier legt der Stiftungsgründer fest, was mit dem Vermögen geschehen soll – und wer davon wie profitiert. Hier das Wichtigste im Überblick.

So funktioniert die Gründung

Die Stiftung wird in aller Regel beim Notar errichtet. Wenn Immobilien oder Unternehmensanteile eingebracht werden sollen, ist die notarielle Beurkundung ohnehin Pflicht. Als Stifter überträgst du Vermögenswerte auf die Stiftung. Das muss nicht unbedingt eine Einzahlung in bar sein. Möglich sind beispielsweise

- Immobilien
- Wertpapiere
- Unternehmensbeteiligungen oder
- land- und forstwirtschaftliche Grundstücke.

Diese Vermögenswerte bilden das sogenannte Grundstockvermögen, auch Stiftungsvermögen genannt. Aus den Erträgen, die dieses Vermögen abwirft, erfüllt die Stiftung dauerhaft ihren Zweck, den du als Stifter festlegst.

Wie viel Kapital zur Gründung einer Stiftung nötig ist, hängt vom Bundesland ab. Manche verlangen 100.000 Euro, andere 500.000 Euro oder eine Million Euro. Der Hintergrund ist klar: Die Stiftung soll nicht nur ein paar Jahre überdauern, sondern bestenfalls Generationen. Aus diesem Grund ist es auch nicht sinnvoll, mit nur einer fünf- oder niedrigen sechsstelligen Summe eine Stiftung gründen zu wollen. Meist empfiehlt sich die Gründung erst ab einer Million Euro.

Was du festlegen musst

Eine Stiftung steht und fällt mit ihrem Zweck. Damit du ihn passend formulierst, helfen drei zentrale Fragen:

1. **Wozu soll die Stiftung dienen?**
   Möchtest du den Lebensunterhalt deiner Familie sichern? Oder gezielt Ausbildung und Studium deiner Nachkommen finanzieren? Beides ist möglich und es lässt sich auch kombinieren.

2. **Wer soll profitieren?**
   Bei einer Familienstiftung kannst du bestimmen, dass zum Beispiel deine Kinder, Enkel und Urenkel aus den Mieteinnahmen deiner Immobilien einen regelmäßigen Anteil erhalten – selbst Jahrzehnte nach deinem Tod. Die Begünstigten einer Stiftung werden „Destinatäre" genannt.

3. **Wie sollen die Erträge verteilt werden?**
   Du kannst gleiche Anteile für alle Begünstigten vorsehen. Du kannst aber auch eine Bedürftigkeitsprüfung einbauen. Du kannst festlegen, dass nur Ausgaben für Ausbildung oder Studium gefördert werden oder dass bestimmte Lebensphasen (zum Beispiel die Elternzeit) besonders berücksichtigt werden. Diese Regelungen hältst du in der Stiftungssatzung fest.

Aber aufgepasst: Was du in der Stiftungssatzung einmal festgelegt hast, gilt auf Dauer. Eine spätere Änderung ist extrem schwierig und aufwendig.

Privat- oder gemeinnützig: Du hast die Wahl

Die Familienstiftung, auch privatnützige Stiftung genannt, bietet gewisse steuerliche Vorteile bei der Übertragung deines Vermögens auf die nächsten Generationen. Ganz steuerfrei lässt sich das aber nicht bewerkstelligen, denn natürlich verlangt der Fiskus auch hier einen Anteil. Dazu kommen wir gleich.

Es ist stattdessen aber auch möglich, eine gemeinnützige Stiftung zu gründen. Dann stehen die Erträge aus dem Stiftungsvermögen ganz oder teilweise zur Förderung des Gemeinwohls entsprechend der Satzung zur Verfügung und müssen auch entsprechend eingesetzt werden. Diese Form der Stiftung ist steuerbegünstigt, solange du dich an die Regeln hältst.

Daneben gibt es auch noch Mischformen: Ein von vornherein festgelegter Teil des Stiftungsgrundstocks beziehungsweise der Erträge fließt gemäß Stiftungssatzung der Familie zu, ein zweiter Teil einem gemeinnützigen Zweck.

In der folgenden Tabelle findest du einen Vergleich zwischen privatnütziger Familienstiftung und gemeinnütziger Stiftung.

Was ist der Unterschied zwischen privat- und gemeinnütziger Stiftung?

	Privatnützige Stiftung (Familienstiftung)	**Gemeinnützige Stiftung**
Stiftungszweck	Sicherung des Familienvermögens, Versorgung von Angehörigen	Förderung des Gemeinwohls (z. B. Bildung, Kultur, Soziales, Naturschutz, kirchliche Zwecke)
Begünstigte (Destinatäre)	Von dir festgelegte Personen, meist Familienangehörige	Gemeinnützige Organisationen bzw. Zwecke
Steuerliche Behandlung	Keine laufende Steuerbefreiung, Körperschaftsteuer und ggf. Erbersatzsteuer alle 30 Jahre	Dauerhafte Befreiung von Körperschaft-, Erbschaft- und Schenkung- bzw. Erbersatzsteuer

Die steuerlichen Grundlagen

Die steuerliche Behandlung einer Stiftung unterscheidet sich je nachdem, ob es sich um eine privatnützige oder eine gemeinnützige Stiftung handelt. Es gelten unterschiedliche steuerliche Regelungen.

Diese Steuern werden bei einer privatnützigen Stiftung fällig

Am Anfang steht die **Schenkungsteuer**. Sie wird einmalig fällig, sobald du Vermögen in deine Stiftung überträgst. Nun stellt sich die Frage, welcher persönliche Freibetrag für die Stiftung gilt. Das richtet sich nach derjenigen Person, die am weitesten von dir als Stifter entfernt ist: Sind es deine direkten Nachkommen, gilt ein Freibetrag von 100.000 Euro (das entspricht dem persönlichen Freibetrag eines Urenkels). Die Gründung einer Stiftung ist also am ehesten sinnvoll, um deine direkten Nachkommen zu begünstigen. Dann ist der Freibetrag am höchsten und der Schenkungsteuersatz (Steuerklasse I) am niedrigsten.

Beispiel: Schenkungsteuer bei Stiftungsgründung
Du bringst eine Million Euro in eine Familienstiftung ein. Die begünstigten Personen sind ausschließlich deine Nachkommen. Schenkungsteuerpflichtig sind zu Beginn also 900.000 Euro (1 Million minus Freibetrag 100.000 Euro). In Steuerklasse I beläuft sich der Steuersatz für eine solche Summe auf 19 Prozent. Damit liegt die Schenkungsteuer bei Stiftungsgründung bei 171.000 Euro.

Die laufenden Erträge deiner Stiftung unterliegen ebenfalls der Besteuerung, denn eine Familienstiftung wird praktisch genauso behandelt wie ein Unternehmen. Fällig werden somit …

- die **Körperschaftsteuer** in Höhe von 15 Prozent und

- die **Gewerbesteuer** in Höhe von weiteren rund 15 Prozent, vorausgesetzt, die Stiftung erzielt Gewerbeeinnahmen. Hier gilt allerdings ein Freibetrag von 5.000 Euro pro Jahr. Vermietungseinkünfte gehören üblicherweise nicht zu den gewerblichen Einnahmen. Die genaue Höhe der Gewerbesteuer richtet sich nach dem Sitz der Stiftung, es können auch etwas mehr oder etwas weniger sein als 15 Prozent. Städte und Gemeinden verlangen unterschiedliche Hebesätze; die Gewerbesteuer ist nicht überall gleich hoch.

Diese Steuerbelastung von insgesamt rund 30 Prozent ist erheblich günstiger als im Privatvermögen, zumindest bei sehr hohen Einkünften. Im Privatvermögen verlangt der Fiskus nämlich bis zu 45 Prozent, die sogenannte Reichensteuer. Zum weiteren Vermögensaufbau bietet eine Stiftung daher einen ausgesprochen steuergünstigen Rahmen, zumal hier die Steuerprogression entfällt.

Ist die Stiftung erst etabliert, fällt keine Schenkungsteuer mehr an, wohl aber die sogenannte **Erbersatzsteuer**. Sie wird alle 30 Jahre fällig. Fiktiv wird davon ausgegangen, dass das Stiftungsvermögen in diesem Zeitraum an zwei Kinder (Freibetrag von je 400.000 Euro) vererbt wird, wenn die Destinatäre stets die direkten Nachkommen des Stiftungsgründers sind. Somit muss das Vermögen der Familienstiftung, das über 800.000 Euro (zweimal den Freibetrag von 400.000 Euro) hinausgeht, abermals mit dem Erbschaftsteuersatz versteuert werden. Nach wie vor gilt hier die Steuerklasse I.

Das Geld, das aus der Stiftung heraus an die Destinatäre ausgeschüttet wird, unterliegt der persönlichen **Einkommensteuer** mit einem Steuersatz von 14 bis 45 Prozent. Natürlich muss diese Steuer nur zahlen, wer ein Einkommen oberhalb des Grundfreibetrags hat, was etwa bei Schülern oder Studenten in der Regel nicht der Fall ist.

Gemeinnützige Stiftungen sind steuerlich begünstigt

Wer mit einer Stiftung Gutes tut, etwa im sozialen, kulturellen oder religiösen Bereich, wird vom Staat belohnt: Gemeinnützige, mildtätige oder kirchliche Stiftungen können steuerliche Vergünstigungen bekommen. Die Voraussetzung: Du musst die Anforderungen der Abgabenordnung erfüllen (§ 52 AO).

Wichtig ist dabei vor allem eines: eine Abstimmung mit dem Finanzamt von Anfang an. Schon bei der Gründung und bei der Formulierung der Satzung sollte gewährleistet sein, dass deine Stiftung auch wirklich als gemeinnützig anerkannt wird. Erst wenn das Finanzamt grünes Licht gibt, ist die Sache wasserdicht – und du bekommst die gewünschte steuerliche Anerkennung. Wird der Status einmal erteilt, gibt das Rechtssicherheit. Falls das Finanzamt allerdings nicht mitspielt, kannst du die Entscheidung auch gerichtlich überprüfen lassen.

Aber Achtung: Die Gemeinnützigkeit ist kein Freifahrtschein für alle Zeiten. Deine Stiftung muss die Voraussetzungen laufend erfüllen. Das heißt: Die Mittel müssen zweckgebunden verwendet werden – und das zeitnah innerhalb von spätestens zwei Jahren. Geld zu horten ist nicht möglich, wenn deine Stiftung steuerlich begünstigt bleiben soll, und auch Verwaltungskosten, die mehr als 30 Prozent der ausgegebenen Stiftungsmittel betragen, sieht das Finanzamt kritisch.

Mein Rat: Hol dir Unterstützung

Eine Stiftung ist kein Projekt für den Feierabend. Sie will gut durchdacht und mit Weitblick geplant sein. Nachträgliche Änderungen sind nämlich schwierig, manchmal sogar ausgeschlossen. Deshalb solltest du juristischen und steuerlichen Rat einholen. Gerade bei der steuerlichen Behandlung lauern Fallstricke, die sich nur mit professioneller Unterstützung elegant umschiffen lassen.

TEIL V

Genieße deinen Wohlstand – aber gebrauche dazu dein Köpfchen

Wie du dein Vermögen nutzt, ist mehr als eine Rechenaufgabe; es ist eine Lebensfrage. Wenn Geld keine Rolle mehr spielt, wird Freiheit plötzlich ganz konkret: ein Haus am Meer, ein Camper auf Tour, ein Neuanfang im Süden – oder ein sinnstiftendes Projekt, das dich erfüllt. Was also tun mit dieser Freiheit? Jetzt beginnt der schönste Teil: die Kunst, das Leben zu gestalten. Das solltest du allerdings klug angehen. Was es dabei zu bedenken gilt, erfährst du in diesem Teil.

KAPITEL 13

Verwirkliche deine Träume – und zwar ganz realistisch!

Du hast lange gearbeitet, gespart, investiert und geplant. Und dann ist es so weit: die ersehnte Freiheit! Endlich hast du genügend Zeit und auch die finanziellen Ressourcen, um deine Träume zu verwirklichen. Nur: Wie machst du das konkret? Wie schaltest du um vom Sparen zum Genießen? Wie gelingt genussvolles und doch weitsichtiges Entsparen? Wie erweckst du deine Träume so zum Leben, dass sie dir tatsächlich das erhoffte Glück bringen? Welche Fallstricke gilt es zu erkennen und zu umgehen? Und gibt es noch ganz andere Aktivitäten, die dich glücklich machen? Die Antworten auf diese Fragen finden wir gemeinsam.

Der richtige Mix aus Genießen und Investieren

Darüber hast du dir vermutlich noch nie Gedanken gemacht, aber tatsächlich ist es gar nicht so einfach, geistig vom Arbeiten-und-Sparen-

in den Erspartes-verbrauchen-und-genießen-Modus zu wechseln. Nach Jahrzehnten des Zurücklegens fällt es schwer, das so lange und mühsam Ersparte abzuheben und auszugeben.

Selbst bei Menschen, die über ein sehr dickes Finanzpolster verfügen, ist das Ausgeben weniger mit Genuss verbunden als mit einem schlechten Gewissen oder sogar einer gewissen Angst: Was, wenn man sehr alt wird und das Vermögen zu früh aufgezehrt ist? Schlägt dann am Ende doch noch die Altersarmut zu? Andererseits wäre es schade, wenn du weiterhin sparst und dir Wünsche versagst, nur um dann mit einem großen Restvermögen zu sterben (deine Erben hingegen dürfte das freuen).

Völlig lösbar ist dieses Problem nicht: Du kannst nicht wissen, für wie viele Lebensjahre dein Geld reichen muss und was in dieser (hoffentlich langen) Zeit noch alles auf dich zukommt.

Es gibt Strategien, die diese Problematik entschärfen. Dazu zählen zum einen Vermögensbestandteile, die regelmäßig Einnahmen abwerfen, etwa vermietete Immobilien oder Dividendenpapiere. Steigende Inflationsraten kannst du dann zumindest teilweise über Mieterhöhungen ausgleichen. Zum anderen kannst du die Entnahmestrategie aus deinem Depot klug wählen.

Im Prinzip gibt es drei sinnvolle Strategien: Entweder du entnimmst jährlich einen fixen Betrag, den du gegebenenfalls regelmäßig an die Inflationsrate anpassen kannst. Dann weißt du vorab sicher, wie viel zusätzliches Geld du zur Verfügung hast. Du kannst jedoch nicht vorhersehen, wie lange es dauern wird, bis das Depot leer ist, denn das hängt ja auch von seiner Wertentwicklung ab.

Oder du entnimmst jährlich einen festen Prozentsatz des Depots (zum Beispiel vier bis fünf Prozent). Dann wird das Depot rein rechnerisch niemals erschöpft sein. Allerdings kannst du nie mit einem festen Betrag rechnen, denn je nach Wertentwicklung wird der Entnahmebetrag mal höher, mal niedriger sein. Insgesamt wird er über die Jahre schrumpfen.

Eine dritte Strategie mischt die beiden Ansätze: Du nimmst dir einen festen Entnahmebetrag pro Jahr vor, passt diesen jedoch durch eine prozentuale Ober- und Untergrenze an die Wertentwicklung an.

Beispiel: Dein Depot umfasst zum Renteneintritt 250.000 Euro. Du willst jährlich 12.500 Euro entnehmen und setzt dir dazu eine Unter- und Obergrenze von minus beziehungsweise plus fünf Prozent. Läuft der Kapitalmarkt in einem Jahr besonders schlecht, entnimmst du weniger Geld als geplant, aber nicht weniger als 11.875 Euro (12.500 Euro minus fünf Prozent). Entwickelt sich das Portfolio dagegen prächtig, gönnst du dir einen Teil des überdurchschnittlichen Wertzuwachses, aber nicht mehr als 13.125 Euro (12.500 plus fünf Prozent).

Diese Mischstrategie empfehle ich dir, weil sie einen längeren Werterhalt deines Portfolios sowie einen relativ stabilen Entnahmebetrag sichert.

Unterziehe deine Träume einem Realitätscheck

„Wenn ich endlich mal Zeit und genügend Geld habe ...“ – ja, was ist dann? Wovon hast du immer geträumt? Was möchtest du verwirklichen, jetzt, wo es so weit ist?

Wenn ich mich umhöre, ähneln sich viele Träume: Mehr reisen wollen die meisten, zum Beispiel mit dem Wohnmobil auf Europatour gehen oder auf einem Kreuzfahrtschiff die Welt umrunden. Dem unfreundlichen deutschen Winter mit einem eigenen Strandhaus im sonnigen Süden dauerhaft entfliehen wollen viele. Wieder andere möchten sogar auswandern, am liebsten an einen Ort, wo das Klima warm und das Preisniveau niedrig ist.

Manche träumen davon, sich endlich künstlerisch zu verwirklichen, indem sie einen Roman schreiben, sich der Malerei oder der Musik widmen. Andere wollen „etwas Sinnvolles tun“ und sich ehrenamtlich sozial engagieren. Wieder andere arbeiten einfach gern und haben keine Lust, damit aufzuhören, nur weil sie ein bestimmtes Alter erreicht haben.

Was auch immer dein Traum ist, du solltest ihn einem Realitätscheck unterziehen, bevor du dich daran machst, ihn zu verwirklichen. Bei genauerer Betrachtung stellt sich mitunter nämlich heraus, dass manche Träume lieber welche bleiben sollten, andere sich dagegen durchaus umsetzen lassen … aber vielleicht anders als zuerst gedacht.

Quer durchs Land und rund um die Welt?

Endlich nach Herzenslust reisen: Ein Punkt, den du bei jeder Langzeit-Tour berücksichtigen solltest, ist die Frage, wer sich um dein heimisches Domizil kümmert, wenn du wochen- oder monatelang unterwegs bist. Das gilt vor allem, wenn du ein Haus mit Garten besitzt. Bei einer Wohnung in einem Mehrfamilienhaus genügt es, wenn eine Nachbarin einen Schlüssel bekommt und gelegentlich nach dem Rechten sieht.

Wohnmobil-Träume

Ich habe auf meinen Reisen schon die wunderbarsten Hotels erlebt – mit Infinity-Pool, perfektem Service und einer Aussicht zum Niederknien. Und trotzdem gefällt mir auch das Unterwegssein im Wohnmobil. Einfach losfahren, da bleiben, wo es schön ist, und morgens mit Blick ins Grüne den ersten Kaffee genießen – das ist Freiheit pur. Kein Wunder, dass dieser Traum immer mehr Menschen packt: ein Wohnmobil kaufen und dann einfach losfahren. Immer der Nase nach. Frei wie der Wind, ist das nicht herrlich?

Tatsächlich kann ein Wohnmobil eine perfekte Anschaffung für dich sein – aber nur dann, wenn du sehr viel und sehr lang reisen möchtest. Je nach Zustand und Ausstattung kostet dich ein „Womo“ schließlich zwischen 30.000 und 150.000 Euro – dafür könntest du auch sehr viele Nächte in Ferienwohnungen oder Hotels verbringen. Weil Treibstoffverbrauch und oft auch Stellplatzgebühren hinzukommen, solltest du prüfen, ob das Wohnmobil deinem Traum von Freiheit und Wohlbefinden entspricht, der für mich das „Strandhaus" ist.

Von Bekannten, die viel mit dem Wohnmobil unterwegs sind, habe ich mir aber sagen lassen, dass sie allmählich einen Blick dafür haben, wo es besonders schön ist, auch abseits klassischer Campingplätze. So gibt es viele Bauernhöfe, Straußwirtschaften, Landgasthöfe oder Weingüter mit Stellplatz für Camper. Dort erwartet dich ein schöner Abend mit Einkehr- oder Einkaufsmöglichkeit und ein hübscher Platz zum Übernachten, meist in ländlicher Idylle und familiärer Atmosphäre. Manchmal liegen vor Ort auch Stellplatzführer aus, Bücher, in denen solche Angebote gelistet sind. Oder du schaust im Internet auf Stellplatz-Plattformen, auch dort findest du viele dieser Geheimtipps.

„Frei wie der Wind" bist du in den Hauptreisezeiten mit einem Womo nicht unbedingt, denn dann sind die Stellplätze oft besetzt und die Campingplätze ausgebucht. Das freie Stehen irgendwo in der Natur ist in Deutschland generell verboten und das gilt auch für viele andere Länder. Wenn man es trotzdem macht und erwischt wird, drohen mitunter saftige Bußgelder. Selbst in Schweden, wo das Wildcampen grundsätzlich fast überall erlaubt ist, hast du mit dem Womo weniger Auswahl als mit einem Zelt: Du darfst auf öffentlichen Parkplätzen, am Ende einer Straße oder auch direkt am Strand stehen, nicht aber auf Feldwegen oder irgendwo im Wald.

Es gibt aber auch Anbieter mit einer Jahresmitgliedschaft oder Jahresvignette, die dir bevorzugten Zugang zu schönen Stellplätzen verschaffen. Wenn du häufiger unterwegs bist, lohnt sich eine Mitgliedschaft. Du zahlst einmal im Jahr – und übernachtest dann gratis bei Gastgebern auf dem Land. Ob Winzer, Käsemacher oder Biobauer – hier schläfst du nicht nur günstig, sondern oft auch landschaftlich traumhaft. Beliebte Anbieter sind beispielsweise „Landvergnügen" mit Gastgebern vorwiegend in Deutschland, Österreich und der Schweiz. Für Frankreich-

Fans dürfte „France Passion" hoch im Kurs stehen. Die Jahresbeiträge für die Vignetten unterscheiden sich beträchtlich, prüfe darum erst einmal, was deinem Budget und deinen Vorlieben entspricht.

Ein weiterer Knackpunkt wird von Womo-Käufern allerdings oft unterschätzt: Das mobile Heim muss irgendwo geparkt werden, wenn du nicht damit unterwegs bist. Den Winter sollte es geschützt unter einem Dach verbringen, damit die Witterung ihm nicht zu sehr zusetzt. Wenn du selbst keinen solchen Stellplatz auf deinem Grundstück hast, musst du eine Womo-Garage mieten. Auch das treibt die Kosten.

Das alles heißt natürlich nicht, dass du deinen Womo-Traum nicht verwirklichen sollst. Ich rate aber dazu, die Kosten genau durchzurechnen, die Reise(n) frühzeitig zu planen und ein paar Tipps zu beherzigen:

- Falls du bisher noch keine Womo-Erfahrung hast, solltest du für einen ersten Urlaub dieser Art ein Fahrzeug zunächst mieten. So kannst du zum einen prüfen, ob diese Art Urlaub dir für längere Reisen überhaupt gefällt, und zum anderen herausfinden, welche Ausstattung für dein Reiseglück wichtig ist.

- Achte auf die richtige Größe: Zwar hast du in einem großen Wohnmobil mehr Platz und Komfort als in einem kleineren. Je größer und schwerer das Heim auf Rädern ist, desto mehr Treibstoff benötigt es jedoch. Außerdem werden schmale Altstadtgassen und steile Bergsträßchen damit möglicherweise unpassierbar für dich.

- Wenn du ein neues oder gebrauchtes Wohnmobil kaufen möchtest, ist der Herbst die richtige Zeit, denn dann ist die Nachfrage schwächer als im Frühjahr vor der Reisesaison und die Preise sind niedriger. Der antizyklische Kauf lohnt sich vor allem, wenn du einen Stellplatz auf deinem Grundstück hast oder einen billig mieten kannst.

- Meide möglichst die Hauptsaison, denn da sind Stellplätze knapp und teuer und die Straßen voll.

- Es gibt auch winterfeste Wohnmobile mit Heizung, Isolierung und beheizbaren Wassertanks und Campingplätze, die auf Winterurlauber eingestellt sind.

Auf Kreuzfahrt rund um die Welt

Wenn du Schiffsreisen liebst, träumst du vielleicht davon, die ganze Welt auf diese Art zu bereisen. Und tatsächlich kannst du von und nach Hamburg oder Kiel, von mehreren europäischen Häfen oder auch von New York aus buchstäblich rund um die Welt schippern.

Schiffsweltreisen dauern meist zwischen 120 und 180 Tage und sind je nach Route, Schiff und Kabine für ab 15.000 Euro zu haben. Verglichen mit dem, was die üblichen 14 Tage auf Kreuzfahrt kosten, ist das sehr günstig. Natürlich geht es auch sehr viel exklusiver und teurer, je nach deinem Budget und deinen Vorlieben.

Wenn es nicht gleich die ganze Welt sein muss oder dir drei Monate aufwärts zu lang sind, kannst du bei etlichen Reedereien auch Teilweltreisen buchen, die „nur“ 50 oder 70 Tage dauern.

Ein paar Punkte solltest du aber bedenken, bevor du deine Langzeitreise auf einem Luxusschiff buchst:

- Was man in zwei Wochen an kleineren Einschränkungen (Lage der Kabine, Ausstattung) tolerieren kann, kann sich über mehrere Monate zu einem Dauerärgernis auswachsen. Du solltest Schiff und Kabine sehr sorgfältig auswählen und im Zweifelsfall erst einmal auf einer kürzeren Tour testen, bevor es rund um die Welt geht.

- Je nach Route durchreist du unterschiedliche Klimazonen und brauchst mehr und andere Kleidung und Ausstattung als bei einer reinen Mittelmeer- oder Karibikkreuzfahrt. Den Stauraumbedarf solltest du bei der Auswahl der Kabine berücksichtigen.

- Trotz Vollpension summieren sich die Ausgaben für Ausflüge, Trinkgelder und Reisemitbringsel, die solltest du einkalkulieren.

- Eine Weltreise-Kreuzfahrt will langfristig geplant sein: Du brauchst diverse Reiseimpfungen und Visa, zusätzlich eventuell einen Gesundheitscheck vorab, dafür gehen etliche Wochen drauf. Schau dir auch die Route, die Sehenswürdigkeiten und das Ausflugsprogramm vorher genau an, denn manche Angebote vor Ort sind schnell ausgebucht, nicht alles kannst du problemlos auf eigene Faust machen.

- Bei mehreren Monaten auf See kann und wird einiges schiefgehen. Du solltest dich darauf einstellen, dass die See auch mal rau ist, manche Häfen schmutzig und überlaufen und einige Mitreisende nervig sind. Vielleicht muss eine Route geändert werden, weil am Schiff etwas kaputtgeht oder ein medizinischer Notfall an Bord auftritt.

Ein Feriendomizil kaufen, wo es schön ist?

Viele Menschen wollen dem deutschen Winter mit seinen vielen trüben Tagen und der Kälte entfliehen und träumen davon, diese Jahreszeit irgendwo zu verbringen, wo es warm ist und wo verlässlich die Sonne scheint. Geht es dir auch so? Dann liegt die Überlegung nahe, sich ein Domizil im Süden anzuschaffen. Vielleicht auf den Kanaren, auf Mallorca oder dem spanischen Festland. Oder wie wäre es mit Griechenland oder der Algarve? Doch auch hier ist Realismus Trumpf.

Ein eigenes Ferienhaus im Inland

Ob am Strand oder in den Bergen, ein eigenes Feriendomizil ist eine tolle Sache: Du suchst dir ein Haus nach deinem Geschmack in deiner Lieblingsgegend aus und kannst es nach deinen Wünschen einrichten und mit allem ausstatten, was du möchtest. Im Idealfall packst du vor der Anreise nur einen kleinen Rucksack, denn alles andere ist ja schon da. Du schläfst im eigenen Bett und hast vor Ort alles so, wie es dir gefällt.

Viele Menschen, die sich ein Ferienhäuschen kaufen, denken noch weiter: Eine solche Anschaffung kann eine echte Investition sein, wenn man es nicht nur für den eigenen Urlaub nutzt, sondern auch an andere Urlauber vermietet. Vielleicht steigt die Immobilie sogar im Wert und man kann sie, wenn man ihrer überdrüssig geworden ist oder sie aus Altersgründen nicht mehr nutzen kann, mit Gewinn verkaufen.

Letzteres gilt aber nur, wenn die Lage stimmt: Für ein Strandhaus mit Meerblick in Top-Lage an einem angesagten Ferienort musst du zwar tief in die Tasche greifen. Die Chancen stehen aber gut, dass du es nach einigen Jahren mit Gewinn verkaufen kannst. Häuschen in mittlerweile stark gealterten Feriendörfern im Hinterland sind billiger zu haben. Vermutlich musst du in ein solches Objekt einiges für die Renovierung hineinstecken und kannst nicht damit rechnen, dieses Geld beim Verkauf wieder hereinzuholen.

Ohnehin unterschätzt man leicht den Aufwand, den ein Zweitdomizil mit sich bringt: Aus einem gemieteten Objekt ziehst du aus, nachdem du die Betten abgezogen und das Geschirr gespült hast, brauchst dich aber um weiter nichts zu kümmern. Im eigenen Haus hingegen musst du waschen und putzen, den Rasen mähen, den Müll entsorgen und dich um die Instandhaltung kümmern. Zwar kannst du das alles an Dienstleister vergeben, aber du musst erst einmal einen vertrauenswürdigen Menschen finden und natürlich auch bezahlen. Das treibt die Kosten.

Nicht zu vergessen die finanzielle Zusatzbelastung durch die Nebenkosten, die für Strom, Heizung und Müllabfuhr entstehen, sowie die Zweitwohnungssteuer, die in den touristisch attraktiven Zielen oft erhoben wird.

Während der Phasen deiner Abwesenheit sollte jemand vor Ort nach dem Rechten sehen, damit du bei deiner Rückkehr keine unangenehmen

Überraschungen erlebst, etwa wenn das Dach vom Sturm beschädigt wurde, eine Waschbärfamilie sich im Dachgeschoss eingenistet hat oder ein Wasserhahn undicht ist.

Der Vermietungsaufwand, wenn du das Objekt nicht selbst nutzt, ist ebenfalls nicht zu unterschätzen: Korrespondenz, Zahlungseingang, Versicherungen, Steuern … Du brauchst auf jeden Fall eine Reinigungskraft vor Ort, die zudem verlässlich kontrolliert, ob die Ausstattung nach dem Auszug der Ferienmieter noch vollständig und intakt ist.

Ein Ferienhaus im Ausland

Die oben genannten Aspekte gelten auch für eine Auslandsimmobilie. Bei dieser kommen allerdings noch eine Reihe heikler Punkte dazu.

Zweitwohnsitze sind oft nicht erwünscht

Etliche beliebte Regionen haben inzwischen Beschränkungen für Zweitwohnsitze erlassen. In der Schweiz beispielsweise dürfen Gemeinden, die bereits einen Anteil von 20 Prozent an Zweitwohnsitzen haben, keine mehr bauen und auch keine bestehenden Gebäude mehr als solche zulassen. In Südtirol liegt die Grenze, ab der Immobilien nicht als Zweitwohnsitz genutzt werden dürfen, sogar bei nur zehn Prozent Anteil an allen Immobilien der jeweiligen Kommune. Auch in etlichen beliebten österreichischen Ferienregionen werden keine Zweitwohnsitze mehr zugelassen.

In Spanien werden auf dem Festland Immobilien, die den größten Teil des Jahres leer stehen, gar nicht so selten zum Ziel von Hausbesetzern. Das ist zwar illegal, aber es ist juristisch oft langwierig und mühsam, die unbefugten Bewohner wieder loszuwerden.

Zudem darf man Ferienimmobilien in den Zeiten, in denen man sie nicht selbst nutzt, oft nicht umstandslos weiter- oder untervermieten. Auf Mallorca beispielsweise benötigt man dafür eine Ferienvermietungslizenz, die von den Behörden aber nicht mehr ausgegeben wird.

Finanzierung und Kauf als Herausforderung

Deutsche Banken sind bei der Immobilienfinanzierung im Ausland sehr zögerlich, was hohe Zinsen und eine aufwendige Bonitätsprüfung für dich bedeutet. Bei einer Finanzierung über eine Bank im Zielland solltest du ebenfalls genau hinsehen, denn die Kreditbedingungen und Zinssätze können ganz andere sein.

Beim Immobilienkauf unterscheidet sich die Rechtslage oft deutlich von der deutschen. Du brauchst also auf jeden Fall eine juristische Beratung und Begleitung, und das weit über den Kauf hinaus, denn es gibt zusätzlich große Unterschiede im Erbrecht. Für ein Ferienhaus in Frankreich beispielsweise gilt im Todesfall das französische Erbrecht, selbst dann, wenn Eigentümer und Erben keine Franzosen sind. In Spanien gilt zwar deutsches Erbrecht, aber spanisches Verfahrens- und Grundstücksrecht, und Erbschaftsteuer ist in beiden Ländern zu zahlen.

Nicht zuletzt ist es ohne kundige Beratung im Ausland noch schwieriger herauszufinden, welche Lage wirklich gut und werterhaltend ist, welche Preise akzeptabel sind und welche Fallstricke es sonst noch gibt. Und da gibt es eine ganze Menge …

- In Spanien werden Häuser manchmal auch ohne Genehmigung errichtet und an Gutgläubige verkauft, die aus allen Wolken fallen, wenn der Staat den Abriss der Schwarzbauten verlangt.

- In Griechenland sind mitunter die Eigentumsrechte von Grundstücken und Häusern nicht eindeutig festzustellen. Du kaufst also möglicherweise von einer Person ein Haus, auf das auch ein anderer Verwandter Anspruch erhebt.

- In Portugal sind Schulden an die Immobilien gebunden, nicht an die Eigentümer. Es kann dir also passieren, dass du nach dem Kauf plötzlich die Hypothek und die Steuerschulden des Vorbesitzers bezahlen musst.

Das alles sind keine Gründe, auf den Kauf eines Ferienhäuschens in deiner Herzensregion zu verzichten, wenn das dein Traum ist. Wenn du ihn aber verwirklichen willst, solltest du das nur mit einer umfassenden Beratung und Begleitung durch Rechts- und Sachkundige tun. Das erhöht zwar die Anschaffungskosten, aber das Geld dafür ist auf jeden Fall gut angelegt, damit du nicht in einem finanziellen Albtraum landest.

Co-Owning-Modelle

Wegen all dieser Hürden erscheint es viel einfacher, sich nicht ein ganzes Haus oder eine eigene Wohnung zu kaufen, sondern ein Co-Owning-Modell zu nutzen. Das bedeutet, dass mehrere Käufer (meist drei bis acht) gemeinsam eine Ferienimmobilie im In- oder Ausland erwerben, die voll ausgestattet wird. Das ist etwas anderes als das über viele Jahre propagierte Timesharing, bei dem man nur ein Wohnrecht erwirbt. (Finger weg davon!) Beim Co-Owning wird man tatsächlich Miteigentümer und wird als solcher auch ins Grundbuch eingetragen – sofern es im betreffenden Land ein Grundbuch gibt.

Es gibt inzwischen mehrere Anbieter, die solche Immobilien errichten und vermarkten, oft auch mit einem Rundumservice in Sachen Reinigung, Wäsche und Hausmeisterdienste. Die Kosten dafür teilen sich die Eigentümer, von denen jeder das Feriendomizil nur eine bestimmte Anzahl von Wochen pro Jahr nutzen darf. Je weniger Miteigentümer, desto mehr Wochen bleiben für jeden; wer wann für wie lange kommen darf, wird vertraglich geregelt.

Co-Owning wird aber auch für reine Kapitalanleger angeboten, die mit dem Kauf kein Selbstnutzungsrecht erhalten, sondern einen Anteil an den Vermietungserlösen.

In den USA gibt es dieses Modell schon länger, in Europa ist es noch jung und wird durch Start-up-Unternehmen vorangetrieben. Der Vorteil ist, dass du auf diese Weise oft schon für einen fünf- bis sechsstelligen Betrag (Mit-)Eigentum an einer tollen Ferienimmobilie erwerben kannst, die dir allein zu teuer wäre. Außerdem sparst du dir die Arbeit, die an dir als Alleineigentümer sonst hängen bleiben würde. Wenn du beispielsweise nur drei Miteigentümer hast, kannst du drei Monate im Jahr dort verbringen und brauchst dich ums Putzen und die Instandhaltung nicht zu kümmern.

Allerdings gibt es auch Nachteile: Da die Banken bei Ferienimmobilien im Co-Owning-Modell noch zurückhaltender sind als ohnehin, musst du das Geld entweder bar auf den Tisch legen oder auf den Finanzierungspartner des Anbieters zurückgreifen und dessen Konditionen ohne weitere Auswahlmöglichkeit akzeptieren.

Außerdem sind die Rechts- und Haftungsfragen kniffelig: Rechtlich gilt Co-Ownership als „Bruchteilseigentum". Das heißt, anders als bei einer Wohnungseigentümergemeinschaft gehört dir als Co-Owner kein genau abgegrenzter Teil der Immobilie, sondern nur ein rechnerischer („ideeller") Anteil.

Das kann beispielsweise problematisch werden, wenn ein anderer Co-Owner den Kredit für seinen Anteil nicht bedienen kann. Dann kann seine Bank eine Zwangsversteigerung in die Wege leiten – und die gilt für die gesamte Immobilie. Verhindern kannst du das nur, wenn das Bruchteilseigentum an einen neuen Miteigentümer verkauft wird oder wenn du mit den anderen Miteigentümern die Kreditraten für die nicht zahlungsfähige Person übernimmst.

Geht es um den Verkauf und das Vererben des Co-Owning-Anteils, tauchen weitere Probleme auf, denn einen Markt für solche Anteile an Ferienimmobilien gibt es zumindest derzeit in Deutschland noch nicht.

Theoretisch könnte ein Miteigentümer auch eine Grundschuld auf sein Bruchteilseigentum eintragen, die er als Sicherheit für ein Bankgeschäft benötigt. Für diese Grundschuld haften dann aber alle anderen Bruchteilseigentümer mit.

Auch hier gilt: Wenn du eine Ferienimmobilie im Co-Owning-Modell erwerben möchtest, solltest du das nur mit sachkundiger Beratung und unter genauer Prüfung der rechtlichen Ausgestaltung tun.

Welche Alternativen es gibt

Geht es dir vor allem darum, den Winter im Süden zu verbringen? Dann brauchst du dafür keine eigene Immobilie. Du kannst in deiner Traumregion auch ein Ferienapartment oder -haus für mehrere Wochen oder Monate mieten – und das jedes Jahr in einer anderen schönen Gegend, die du erkunden und genießen möchtest.

Die beliebtesten europäischen Destinationen zum Überwintern sind Mallorca, die Kanaren, die türkische Ägäis, die Algarve und Zypern. In all diesen Regionen gibt es über die großen Reiseplattformen in Hotels und Ferienanlagen spezielle Angebote für Langzeiturlauber, die einen mehrwöchigen Aufenthalt im Zeitraum von November bis März mit satten Rabatten schmackhaft machen.

Alternativ kannst du bei privaten Vermietern ein Ferienhäuschen oder Apartment mieten, in dem ihr euch selbst versorgt. Das bedeutet weniger Komfort, dafür aber größere Flexibilität und niedrigere Kosten.

Wenn dir ein langer Flug nichts ausmacht, kommen auch außereuropäische Winterziele mit sommerlich warmem Wetter infrage wie Florida, Thailand oder Südafrika. In Florida und Südafrika brauchen deutsche Staatsangehörige für Aufenthalte bis zu 90 Tagen kein Visum, in Thailand sind 60 Tage visumsfrei, eine einmalige Verlängerung um 30 Tage ist möglich. Die höheren Flugkosten gleichen sich durch die niedrigeren Lebenshaltungskosten vor Ort oft aus (allerdings nicht unbedingt in Miami). Da die europäischen Wintersehnsuchtsziele begehrt sind, solltest du dich sehr frühzeitig um eine Buchung kümmern.

Eines solltest du allerdings nicht vergessen, wenn du den gesamten Winter in südlicheren Gefilden verbringst: Du brauchst dann eine Auslandsreise-Krankenversicherung, die mehr als die üblichen sechs bis acht Wochen absichert. Bei mehrmonatigen Aufenthalten versagen nämlich die üblichen Policen und du stehst womöglich ohne den dringend empfehlenswerten Zusatzschutz da. Eine Langzeit-Auslandskrankenversicherung ist daher unbedingt nötig.

Auswandern – eine Option für die Zukunft?

Vielleicht willst auch du dauerhaft weg, weil dir Wetter und Stimmung in Deutschland zu trübe sind. Damit bist du nicht allein, denn inzwischen überweist die Deutsche Rentenversicherung Renten an rund 230.000 Deutsche, die im Ausland leben. Laut dem Rentenatlas 2023 sind die Top-5-Länder, in die Auslandsrenten fließen (in dieser Reihenfolge): Österreich, die Schweiz, Spanien, die USA und Frankreich.

Dass Rentenbezieher bevorzugt in ein EU-Land auswandern, ist nicht überraschend, denn dank der Personenfreizügigkeit ist das organisatorisch am einfachsten zu bewerkstelligen. Und dass Österreich und die Schweiz an der Spitze liegen, dürfte daran liegen, dass man dort (auch) Deutsch spricht.

Zwar gibt es auch in Spanien oder den USA Orte, in denen viele Deutsche leben, wo es deutsche Läden und Restaurants gibt. Grundsätzlich lebt es sich im Ausland jedoch nur wirklich gut, wenn man die Landessprache zumindest einigermaßen beherrscht und sich auch mit Einheimischen verständigen kann. Oder wenn, wie in Skandinavien, die Einheimischen mehrheitlich Englisch oder sogar Deutsch sprechen.

Mit der Frage, ob Auswandern glücklich macht, hat sich das Bundesinstitut für Bevölkerungsforschung befasst. Die Ergebnisse dieser Studie auf Basis einer Befragung zwischen 2017 und 2022 wurden Ende 2024 publiziert. Sie zeigen: Auswandern steigert die Lebenszufriedenheit deutlich, im Durchschnitt um 0,5 Punkte auf einer Skala von 0 bis 10.

Am höchsten ist die Zufriedenheit bei Singles, die ihre Entscheidung allein getroffen haben. Bei ihnen beläuft sich der Zufriedenheitsanstieg sogar auf durchschnittlich 0,6 Punkte. Unterdurchschnittlich zufrieden sind hingegen die Partnerinnen oder Partner auswanderungswilliger Menschen, die von dieser Idee nicht so begeistert waren.

Zusammenfassen lassen sich die Erkenntnisse dieser Studie so: Auswandern kommt für dich infrage, wenn du das als Möglichkeit betrachtest, deine eigenen Wünsche und Bedürfnisse zu erfüllen und dich im Zielland vielleicht sogar anders zu verwirklichen als hier in Deutschland.

Ich möchte noch ergänzen: Das gelingt dir vermutlich besser, wenn du dich nicht als Langzeiturlauber betrachtest, sondern dich auf den Austausch mit einer fremden Kultur freust, gern die Sprache sprichst und den Kontakt nicht nur mit anderen Auswanderern suchst, sondern auch mit Einheimischen.

Bevor du aber gehst: Informiere dich vorab umfassend und gründlich und bereise das Zielland ausgiebig, bevor du dorthin auswanderst. So kannst du unerfreuliche Überraschungen vermeiden und den Start in deinen neuen Lebensabschnitt sicher und positiv bewältigen.

Wie du als Expat deine Rente erhältst

Die Deutsche Rentenversicherung überweist deine Rente in praktisch jedes Land der Welt; als Expatriate (Expat) brauchst du dafür nur deine neue Wohnadresse zu melden und ein Bankkonto zu nennen. Aber nur in EU-Ländern, EWR-Ländern (Island, Liechtenstein, Norwegen und die Schweiz) und anderen Ländern, mit denen Sozialversicherungsabkommen bestehen, kannst du sicher sein, dass du sie voll und ohne Abzüge erhältst.

Zu den außereuropäischen Ländern mit Sozialversicherungsabkommen gehören beispielsweise die USA, die Türkei, Australien, Kanada und Uruguay. Vor einem Umzug in andere Länder solltest du dich beraten lassen. Infos dazu erhältst du bei der Deutschen Rentenversicherung.

Falls du eine Riester-Rente erhältst, solltest du berücksichtigen, dass du diese nur im EU-Ausland voll beziehen kannst. Wanderst du in ein Nicht-EU-Land aus, musst du dagegen die gesamte staatliche Förderung zurückzahlen, die du für das „Riestern" erhalten hast.

Was du zum Thema Krankenversicherung wissen solltest

Wenn du in Deutschland zum Renteneintritt in der gesetzlichen Krankenversicherung pflichtversichert warst, bleibst du das auch beim Umzug in ein EU- oder EWR-Land (mit Ausnahme der Schweiz). Du zahlst also die Beiträge in Deutschland, kannst aber im Land deines neuen Wohnorts die für dort Versicherte üblichen Gesundheitsleistungen in Anspruch nehmen. Dabei gelten die Regeln des Wohnlandes, zum Beispiel was Selbstbehalte oder prozentuale Kostenbeteiligungen angeht.

Damit du deinen Behandlungsanspruch vor Ort nachweisen kannst, bekommst du von deiner Krankenkasse entweder eine eigene Anspruchsbescheinigung oder deine Kasse tauscht die entsprechenden Informationen digital mit dem Träger der ausländischen Krankenversicherung aus. Weitere Informationen bekommst du bei der Deutschen Verbindungsstelle Krankenversicherung – Ausland (DVKA, www.dvka.de).

Bist du freiwillig krankenversichert, solltest du dich bei deiner Krankenkasse erkundigen, wie es bei einem Umzug ins Ausland im Ruhestand aussieht.

Falls du privat krankenversichert bist, bleibt die Versicherung bei einem Umzug in ein EU-Land oder in ein Land des Europäischen Wirtschaftsraums EWR (Island, Liechtenstein, Norwegen) ganz normal bestehen mit allen Bedingungen, die für deinen Vertrag gelten.

Vor dem Umzug in ein Nicht-EU- und Nicht-EWR-Land solltest du dich frühzeitig bei deinem Versicherer erkundigen, wie du deine Versicherung weiterführen kannst – ansonsten endet sie nämlich.

Eine Sonderrolle spielt die Schweiz, denn egal ob du gesetzlich oder privat krankenversichert bist: Wenn du dauerhaft in der Schweiz leben willst, musst du eine Schweizer Krankenversicherung abschließen.

Steuern beim Auswandern: Hol dir unbedingt Expertenrat

Wenn du im Ausland wohnst und eine deutsche Rente beziehst, musst du diese in Deutschland versteuern. Je nach Wohnland kann es aber passieren, dass du deine Rente auch dort versteuern musst, also faktisch doppelt. Mit etlichen Ländern hat Deutschland allerdings Doppelbesteuerungsabkommen ausgehandelt, die regeln, dass die Rente nur einmal besteuert werden darf und welches Land das wie tun darf. Auch dazu solltest du dich vor dem Umzug beraten lassen. Zuständig ist dafür das Finanzamt Neubrandenburg.

Falls du andere Einkommen aus Deutschland beziehst, etwa Mieteinnahmen, bist du dafür nach deinem Umzug ins Ausland in Deutschland beschränkt steuerpflichtig. Das klingt gut, ist es aber nicht: Unbeschränkt Steuerpflichtige profitieren vom steuerfreien Grundfreibetrag, der sicherstellt, dass zumindest das Existenzminimum nicht besteuert wird. Das gilt bei der beschränkten Steuerpflichtigkeit nicht, da wird schon ab dem ersten Euro Einkommensteuer fällig.

Für bestimmte Einkommensarten (zum Beispiel Mieteinnahmen oder Einnahmen aus einem Gewerbebetrieb) ist übrigens ein anderes deutsches Finanzamt zuständig, nämlich das, in dem die vermietete Immobilie beziehungsweise der Betrieb liegt.

Wenn du auswanderst und deine Wohnung oder dein Haus in Deutschland vermietest, ist das steuerlich ohnehin nicht ganz unkompliziert – wobei das auch wieder davon abhängt, ob es mit einem Land ein Doppelbesteuerungsabkommen gibt oder nicht. Mit Spanien beispielsweise gibt es eines. Das Prozedere sieht dann so aus: Deine Mieteinkünfte versteuerst du in Deutschland, du musst aber zusätzlich die Mieteinkünfte in Spanien angeben. Der spanische Staat rechnet dann die in Deutschland bezahlte Steuer auf die in Spanien zu entrichtende an.

Ziehst du dagegen in ein Land ohne Doppelbesteuerungsabkommen, zum Beispiel nach Dubai, bist du in beiden Ländern voll steuerpflichtig, versteuerst die Mieteinnahmen also zweimal. Im Fall von Dubai macht das allerdings nichts, weil natürliche Personen dort keine Einkommensteuer zahlen müssen (glückliches Dubai!).

Auch Malta, Zypern, Liechtenstein oder Bali locken mit niedrigen oder keinen Steuern Auswanderer an. Der Teufel steckt allerdings im Detail. Entscheidend ist zum einen die Frage, wo und auf welche Weise du deine Einkünfte erzielst und wo dein „gewöhnlicher Aufenthaltsort" liegt. Der bemisst sich danach, wo du für mindestens 183 Tage im Kalenderjahr bist (mehr als 50 Prozent der Zeit). Steuerlich ist das höchst relevant. Es kommt auf die tatsächlichen Gegebenheiten an und nicht darauf, wo du mit deinem Hauptwohnsitz gemeldet oder eben nicht mehr gemeldet bist. Manchmal genügen der Schlüssel und das Aufenthaltsrecht in einer Wohnung in Deutschland – und schon wirst du wieder als in Deutschland voll steuerpflichtig eingestuft und hast nichts von den günstigen Steuerbedingungen in deinem Zielland. Ohne Steuerberatung geht es nicht, wenn du im Ausland erwerbstätig sein willst – sonst kann eine böse Falle lauern.

Aufgepasst heißt es außerdem, wenn du als Unternehmer auswanderst, genauer gesagt als Gesellschafter etwa einer GmbH oder sonstigen Kapitalgesellschaft mit einer Beteiligung von mindestens einem Prozent. Auch der Besitz von Fondsanteilen, die du für mindestens 500.000 Euro angeschafft hast, kann problematisch sein. Hier droht die sogenannte **Wegzugsbesteuerung**. Fiktiv wird angenommen, du würdest dein Unternehmen, deine Gesellschafter- oder Fondsanteile verkaufen. Der Verkaufsgewinn wird nach einem bestimmten Verfahren der Steuer unterworfen.

Zwar besteht die Möglichkeit, diese Steuer zu vermeiden, etwa durch Gründung einer Familienstiftung oder durch die gezielte Ausnutzung bestehender Stundungsmöglichkeiten. Damit das aber wirklich funktioniert, solltest du unbedingt eine individuelle Strategie mit einem Steuerberater erarbeiten, der sich nicht nur mit Unternehmenssteuern auskennt, sondern auch mit internationalem Steuerrecht.

Umgekehrt kann es genauso sein, dass du für eine im Ausland gegründete Firma Steuern zahlst, falls du doch nach geraumer Zeit beschließt, nach Deutschland zurückzukehren. Das Ganze ist so komplex, dass ich hier auf eine nähere Darstellung verzichte. Ich lege dir aber dringend ans Herz, einen kompetenten Steuerberater aufzusuchen.

Übersicht: Wo du dich zu Steuer, Rente und Krankenversicherung informieren kannst, wenn du auswandern möchtest

Thema	Zuständige Stelle	Webadresse
Krankenversicherung im Ausland	Deutsche Verbindungsstelle Krankenversicherung – Ausland (DVKA)	https://www.dvka.de
Rente im Ausland	Deutsche Rentenversicherung	https://www.deutsche-rentenversicherung.de/DRV/DE/Rente/Ausland
Steuererklärung bei Rentenbezug im Ausland	Finanzamt Neubrandenburg	https://www.finanzamt-neubrandenburg.de

Sonstige Fallstricke für Auswanderer

Steuer, Sozialversicherungs- und Erbrecht sind zwar nicht ganz leicht zu regeln, sie lassen sich aber mit guter Beratung in den Griff bekommen. Oft unterschätzt wird allerdings die Bedeutung der „weicheren" Themen, die Auswanderer hart auf die Probe stellen können. Gar nicht so wenige entscheiden sich nach einigen Jahren, doch wieder nach Deutschland zurückzukehren. Zu den am häufigsten genannten Beweggründen dafür gehören das soziale Umfeld und Heimweh.

Soziales Umfeld

Wenn du Deutschland verlässt, verlässt du auch deinen Familien- und Freundeskreis. Sicher werden Verwandte und Freunde dich gern besuchen kommen, zumindest ein- oder zweimal, um zu sehen, wie und wo du lebst. Viele Auswanderer machen jedoch die Erfahrung, dass die Besuche im Lauf der Zeit immer seltener werden, gerade wenn die Anreise weit und teuer ist und vor Ort eben kein Hotel, sondern nur ein Gästebett wartet. Und auch die Freunde werden schließlich älter und sind vielleicht irgendwann nicht mehr so mobil, dass sie sich noch eine weite Fahrt oder eine Flugreise zutrauen.

Ohnehin sollte man vor Ort Kontakte aufbauen, wenn man dauerhaft dort leben will. Das aber ist für Neuankömmlinge oft gar nicht so einfach. Häufig ergeben sich vorwiegend Kontakte zu anderen Expats oder Auswanderern, wohingegen die gesellschaftliche Anbindung an die Einheimischen eine langwierige Angelegenheit ist.

Das ist ja auch verständlich: Niemand hat auf dich gewartet. Du musst aktiv auf die anderen zugehen, dich immer wieder bemühen und jede Kontaktmöglichkeit nutzen, die sich bietet. Das kann anstrengend und frustrierend sein und viel Kraft kosten. Aber wenn es dir gelingt, hast du wirklich eine neue Heimat gefunden. Voraussetzung ist natürlich, dass du die Landessprache gut beherrschst, am besten schon, bevor du auswanderst.

Heimweh

Im Urlaub, selbst bei längeren Aufenthalten, sieht man oft nur das Schöne im Zielland: Das Wetter ist besser, die Menschen sind freundlicher und entspannter, das Leben ist irgendwie interessanter, bunter und intensiver als zu Hause. „Zu Hause" ist dagegen langweilig, weil es so vertraut ist und weil du jede Ecke und alle Abläufe kennst.

Wenn du dauerhaft in einem anderen Land lebst, ist es ganz normal, dass der Reiz des Neuen irgendwann verfliegt. Dann ist es nicht mehr neu und spannend, sondern Alltag und Routine. Das ist die Phase, in der etliche Auswanderer den Blues bekommen: Selbst wer vorwiegend wegen des Wetters nach Thailand oder Dubai gezogen ist, vermisst plötzlich die Jahreszeiten: Jeden Tag Sonne kann auch langweilig sein. Die vertrauten Feste und Bräuche fehlen, das macht sich gerade in der Weihnachtszeit bemerkbar.

Und selbst wenn du die kulturellen Regeln im neuen Land gut kennst, kann es mühsam sein, sich daran anzupassen, denn du bist anders geprägt. Irgendwann wächst dann die Sehnsucht nach dem Vertrauten … das Heimweh.

Sicherheit

An Sicherheitsfragen denkst du vielleicht nicht als Erstes, insbesondere wenn du in ein anderes EU-Land ziehst. In etlichen europäischen Regionen sind die Kriminalitätsraten jedoch höher als in Deutschland und das betrifft nicht nur „einfache" Diebstähle. Erst recht gilt das für außereuropäische Länder, die bei Auswanderern beliebt sind, etwa Südafrika oder die USA.

Sicherheitsrisiken entstehen auch durch Naturgewalten. Einige wie Starkregen und Hochwasser wüten in Deutschland zwar ebenfalls, andere aber nicht: Hangrutschungen drohen verstärkt in den diversen Alpenregionen, Erdbeben beispielsweise in Griechenland, Süditalien und der Türkei, Hurrikans und Tropenstürme in den südlichen USA und Thailand und Vulkanausbrüche sowohl auf den Kanaren als auch in Indonesien.

Du solltest dich vorab auf jeden Fall über die Zielregion und ihre spezifischen Gefahren genauer informieren: Wo es wenige Jahre zuvor ein Hochwasser gab, dürfte demnächst wieder eines kommen, und Regionen, die für Vulkanismus oder Waldbrände bekannt sind, eignen sich auch nicht unbedingt für einen sorgenfreien Ruhestand.

Nicht zuletzt können wirtschaftliche und politische Veränderungen eine Region zum unerfreulichen Ort für Zuwanderer machen, zum Beispiel wegen sozialer Unruhen in einer schweren Wirtschaftskrise oder durch zunehmenden Nationalismus und eine um sich greifende Fremdenfeindlichkeit.

Etwas Sinnvolles tun

Das Reisen gehört zu den Top-Plänen von Menschen für ihren Ruhestand. Wenn ich mich in meinem Bekanntenkreis umhöre, kommt gleich danach „endlich Zeit für meine Hobbys haben" und spätestens an dritter Stelle „etwas Sinnvolles tun". Geht es dir auch so? Was für dich sinnvoll beziehungsweise sinnstiftend ist, kannst nur du entscheiden. Die Möglichkeit, dir in Festanstellung oder Selbstständigkeit etwas hinzuzuverdienen, habe ich dir ja schon aufgezeigt. Lass mich kurz etwas intensiver auf eine Möglichkeit eingehen, die durch finanzielle Freiheit ebenso möglich wird: das ehrenamtliche Engagement.

Nicht nur bezahlte Arbeit kann Freude machen und Sinn stiften. Oft ist ehrenamtliches Engagement genauso befriedigend oder sogar noch befriedigender. Gerade im gesellschaftlichen und sozialen Bereich besteht großer Bedarf. Wenn du bisher bereits Mitglied in einem Verein warst, weißt du, dass es oft sehr schwierig ist, Vorstandsposten zu besetzen. Ein solches Amt ist mit Aufwand verbunden und für jüngere Menschen, die voll im Berufs- und Familienleben stehen, kaum nebenher zu bewältigen. Aber du hast jetzt Zeit und vielleicht auch Lust, das zu tun.

Doch auch ohne Amt gibt es genug Aufgaben: Eine meiner Bekannten ist über Jahre hinweg zweimal die Woche in den örtlichen Kindergarten gegangen, um dort vorzulesen und die Kleinen an Bücher heranzuführen. Sie hatte sehr viel Freude daran und wurde von ihrem jungen Publikum immer schon ungeduldig erwartet. Lesepatinnen und -paten werden auch an Schulen gebraucht oder bei der Unterstützung von Geflüchteten, die unsere Sprache erst lernen müssen.

Und es gibt noch so viel mehr Bereiche, wo Ehrenamtliche benötigt werden: in der Bergrettung, in der Nachbarschaftshilfe, der Altenbetreuung oder der Hospizbegleitung, an den Tafeln, in der Bodendenkmalpflege, in Tierheimen oder im Umwelt- und Naturschutz. Vielleicht möchtest du „Essen auf Rädern" ausfahren oder Hilfslieferungen für eine karitative Organisation transportieren? In einem Reparaturcafé werkeln? Bei der Naturschutzwacht mitmachen?

Möglicherweise gibt es ja einen Bereich, der dich immer schon interessiert hat oder der dich bei genauerer Betrachtung jetzt anspricht –

dann melde dich doch einfach bei einer der Organisationen in deiner Umgebung. Bedenke immer: Wenn du die Geldsorgen los bist und alle Pflichten rund um Vorsorge und Vermögen abgehakt hast, dann bestimmst ganz allein du, was ein im wahrsten Sinne des Wortes „reiches" Leben ausmacht.

Schlusswort

Wir haben in diesem Buch gemeinsam einiges durchgeackert: Zahlen, Strategien, Vorsorgeregelungen – all das, was rund ums Geld gerade in der zweiten Lebenshälfte wichtig wird. Zugegeben, manches davon ist nicht gerade das Lieblingsthema für einen entspannten Abend. Aber genau deshalb lautet mein Motto in diesem Zusammenhang: „Eat the frog". Erst die Pflicht, dann das Vergnügen. Wer sich frühzeitig um die unbequemen Dinge kümmert – Testamente, Vollmachten, Geldanlage –, verschafft sich Luft. Luft zum Atmen, zum Träumen, zum Gestalten.

Wenn das Fundament erst einmal steht, beginnt der schöne Teil: Du kannst dein Geld bewusst nutzen. Es für dich arbeiten lassen. Es genießen. Und vor allem: es so einsetzen, dass es deinem Leben dient – und nicht umgekehrt. Unsere Lebenserwartung steigt und mit ihr steigen die Möglichkeiten. Wer heute in der Lebensmitte steht, hat gute Chancen, noch zwei, drei oder sogar vier Jahrzehnte voller Freiheit, Gesundheit und Neugier zu gestalten. Warum also nicht groß denken?

Vielleicht heißt dein Ziel „Strandhaus". Vielleicht ist es ein schnittiger Oldtimer, den du schon immer fahren wolltest. Oder eine lange Reise an die Orte, die dich schon seit Jahren rufen. Vielleicht möchtest du auch dein Wissen weitergeben, dein Vermögen sinnvoll an die nächste Generation vererben oder ein Projekt fördern, das dir am Herzen liegt. Was auch immer es ist: Es darf jetzt um dich gehen. Um deine Wünsche, deine Ziele, deinen Lebensentwurf. Das ist es, was ich mit Money Positivity meine.

Wenn dieses Buch dir Mut gemacht hat, dein Vermögen als Chance zu sehen – und nicht als Bürde –, wenn es dir geholfen hat, Klarheit zu gewinnen und das Thema Geld mit mehr Leichtigkeit und vielleicht sogar ein wenig Vorfreude zu betrachten, dann hat es seinen Zweck erfüllt.

Mach was draus. Es ist dein Leben. Und jetzt ist die Zeit gekommen für das nächste große Abenteuer: es so zu gestalten, wie es dir gefällt.